后浪

[日] **小林敬幸** 著

不多乱而

信息爆炸时代
精准判断的新技能

自分の頭で判断する技術

寇玉冰
——译——

廣東旅游出版社
GUANGDONG TRAVEL & TOURISM PRESS
中国·广州

前　言

你是否曾在工作中遇到过这样的烦恼？

·在网上接触到大量新闻和信息，但没有时间全部读完，不知哪条重要，也不知哪条可信。

·无法彻底理解新接手的工作，很难顺利推进。

·不知该和初次见面的客户说什么，从哪里说起。

·和上司无法顺利沟通，总是被抢白。

·花时间做了各种努力却没有成果，感受不到自己的成长。

·人事调动后，在新部门因人际关系总是吃苦头。

冷静下来观察这些工作上的烦恼，你会明白大多都是因没有处理好信息造成的。

为解决这类烦恼，本书将说明如何在各类工作场合中巧妙处理信息，自己做出判断并付诸实践。

我会对收集、分析、发出、实践信息的方法做出解说。

此外，还会介绍如何用这些方法预测将来会产生的问题。

如果能够干脆地舍弃无用的信息，用自己的头脑做出各种判断，就能高效地取得成果，人际关系也会更加顺利。

我曾经出版《创造商业的工作》（讲谈社现代新书）一书，因此各个行业及不同级别的人都开始找我商量问题，我也有幸担任某大型电机制造商内部新事业的外部审查员，为博报堂DY媒体伙伴（MEDIA PARTNERS）的干部董事做演讲。此外，我还在 *Business Journal*（《商业杂志》）每月连载专栏《商业的真相》（http://biz-journal.jp/series/takayuki-kobayashi-business/）。

与咨询顾问和投资创业者不同，我在组织中工作了30年得到的"上班族的实用智慧"发挥了作用。

本书中，我听取了各种人珍贵的经验和教训，还有在居酒屋的抱怨，针对社会上30岁左右的读者，努力写出了我认为能让每天的工作变得开心的方法和意见。希望大家抱着在居酒屋听旁边喝醉后心情很好的前辈说话一样的心情读这本书。

市面上有很多介绍商业战略、职场心得的书，这些书在有的情况下非常有用，而在其他情况下就派不上用场。我对所有向我咨询的人说，不可能有在任何状况下任谁都能顺利推进工作的方法，就像没有地方可以售卖"一定会中奖的彩票"。

要问原因，首先是发出实际行动的你本身就拥有世界上独一无二的人格。B说了和A一样的话，但客户在听A说的时候会开心，在听B说的时候会生气。这种情况在社会中屡见不鲜，因为A和B是两个不同的角色。

所以，我们必须掌握适合世界上独一无二的自己的信息处理方法。也正因如此，我们需要磨炼自己做判断的技术。

和研究室的实验不同，现实是无限的、多元化的，且只会出现一次。现在的时代变化速度非常快，简单地用普通方法应对不会有理想的结果。

在现代的工作中，信息多到让人眼花缭乱，组织之间都在进行激烈的竞争。因此，即便在某处获得了能在竞争中取胜的一般方法，竞争对手也会立刻知道并模仿，或是找到对策。

如果没有掌握绝对能够获得成功的划时代的方法，那么回归基本才是最好的选择。在信息的处理方法上，学习人类在几千年的历史中磨炼形成的古典传统和教养教育才是基本。运用"教养"这一人类的智慧，在人生中不断磨炼适合独一无二的自己的方法，才是真正的捷径。这也关系到公司和组织的竞争力。

仔细观察自己负责的工作的本质特征和自己的人格，从无数的商业战略和心得中挑选合适的方法，舍弃其他不适合自己的信息，这非常重要。本书会为大家介绍具体的方法。

在商业现场工作了30年，我认为人并不是像帕斯卡所说，只为"思考"而存在。正因为是自己思考、自己判断、自己实行，人生才会有趣。请一定靠自己的力量去掌握用自己的头脑做判断的技术。

小林敬幸

目　录

第6章 信息应该如此使用 133

第 1 章

比知识、逻辑更重要的是教养

——信息与判断

1.1　工作与信息

所谓工作，就是处理信息、判断信息

大多数的工作都是在处理信息。

我们来回顾一下每天都在公司做什么。早上，首先查看邮件和资料，确认状况，开启一天的工作。之后，和上司、同事碰头，进行信息共享。联络客户，开会进行信息交换，分析交换后的信息并做出判断……这一切都是在做信息的处理。

不仅事务类的工作如此，工厂生产线、建筑工地也是如此。现今的制造设备和建设器材日益高科技化，分析生产及施工过程中得到的信息，把分析后的数据输入设备，调整参数设置以对机器进行控制，已成为一项重要工作。

如上所示，**所谓工作，就是对信息进行收集、分析、发出、交换，也是对信息进行判断并付诸实践。**

因此，工作上的烦恼，换言之就是信息处理方法上的烦恼。

按照指示制作的资料却被指出有问题，被打回要求重做；

毫无道理地被他人要求完成本不属于自己的工作；时刻渴求关注的男生、天然呆的女生、只会献媚不做实事的大叔，诸如此类让人烦心的同事；耳闻有人受到无端指责；每次与某个人争论总是会败下阵来……这都是常有的事。

再来看看上班族普遍的烦恼：很难适应新接手的工作；和上司不太投缘；感觉自己无法成长，对未来心怀不安；认为工作没有价值；无法和同事保持良好的人际关系，等等。工作上的烦恼数也数不清。

但是，只要能巧妙处理信息，这些烦恼大多可迎刃而解。巧妙地收集、分析信息，与他人沟通并加以执行，就能将这些烦恼转化为积极的行动。

这样一来，工作能够顺利推进，和公司其他成员的关系得以改善，不仅能自如应对新的工作，也能从容应对不合拍的上司和同事。此外，还能够巧妙分析信息，精准切中顾客需求，从而获得更好的业绩，对将来的不安也能得到缓解。

我再重复一次，之所以能够做到这样，是因为现今时代大多数的工作都是在"处理信息"。

所谓教养，就是教人处理信息的方法

那么，想要巧妙地处理信息，是否就要用最先进的设备和应用程序，先人一步获取重要信息？

并非如此。

　　我们可以通过包含先人的各种智慧并得到系统性总结的
"教养教育"，来学习如何巧妙地处理信息。也许大家认为"教
养"和"信息"毫不相干，但我认为，**所谓教养，正是收集、
分析、发出信息的手段和方法**。

　　在日本，提到教养，大家想到的多是精神思想上的修养或
对与文学、历史相关的杂学知识的掌握。但教养原本并非指这
些抽象或不务实的东西，也并非像知识竞猜一般，需要大量储
备某个领域的知识。它是指那些一旦掌握，就能在现实生活中
派上用场的方法和习惯，即进行实践的技术。

　　欧美传统教养教育（Liberal Arts）的科目中有辩论术（修
辞学）、逻辑学等，这些并不被日本的教养教育所重视。而欧美
在对精英进行基础知识教育时，会教授安全保障论、军事战略
论、谍报活动（Intelligence）相关的知识。每个科目都与信息的
收集、分析和发出等实践方法息息相关。

　　欧洲历史上有很多民族，分裂后形成一个个国家，反复进
行着战争和交易。因此，领导国家的精英人才必须掌握辩论术
以说服他人，掌握谍报活动的相关知识及军事战略论以拯救国
民。这些针对信息处理方法的教育成为教养教育的一部分。

　　举个例子，我有个做投资顾问的朋友，他说以前学到的最
有用的东西既不是金融理论也不是经济学，而是在教养系参加
研究小组，研究中南美诗歌的释义。在小组做研究时，需要从
各个角度一字一句详细调查外语诗歌背后的历史、文化和情感。

此后，无论是对投资的判断还是提出让客户满意的建议，这种做法都派上了大用场。

其原因是，他学到了冷静整理"与自己的知识体系及价值观不同的信息"，并为己所用。

一旦掌握了这种处理信息的实践方法，无论是进入某个专业学科研究新的学问，还是投身社会和客户打交道，抑或是在人生的分岔路口做出选择，都会大有用处。

如果能在年轻时掌握处理信息的基础方法，就能凭借之后的经验磨炼出最适合自己个性的信息处理方法。由于其效果会不断积累，所以越早掌握，就越能为创造更好的人生起到更大的作用。现在也为时不晚，我们应该尽快掌握此方法，并且每天不断加以磨炼。

第 2 章之后将为大家详细说明信息处理的各个环节，即信息的收集、分析、发出、交换和实践，每个环节上的打磨都至关重要。如果能将各个环节巧妙排列组合，并利用下文为大家介绍的制定战略、理解异国文化、预测未来问题等相关的方法，就能在不同场合下用自己的头脑做出于己最优的判断。

1.2 处理信息的基本：预测未来问题

提前预测，解决工作烦恼

巧妙处理信息，预测未来面临的问题。这是说，若能事先做出准确的预测，大部分工作上的烦恼都会得到解决。

例如，如果能预测自己所属团队将来面临的问题，就能从根本上缓解团队成员之间紧张的人际关系。如果能清楚灵活地理解课长烦恼的重点究竟在哪里，就能避免按指示制作的资料被打回。而且，如果了解到是部长安排了难以完成的任务给课长，也就能事先做好准备，应对课长安排给自己的难以完成的工作。如果能看清团队将来的发展方向，就能将烦恼转化为更有建设性的行动。

如果对自己的未来忧心，只要正确认识自身所处的外部环境，同样能够使问题得到改善。若能好好分析世间形势和社会状况，把劲儿用在刀刃上，不仅工作能力会提升，可以切实感受到自己的成长，对未来的不安也会消失。

押对重点问题

在现代，预测未来可能面临的问题变得越来越重要，也有人称其为问题设定能力。

成人的工作和学生时代不同，不是在给出的问题下按老师所教的内容写出正确答案，而是预测社会上即将出现的问题，并看清问题的本质。

这类似于学生时代的押考试重点。社会上会出现很多相关的信息，如果能像押重点一样巧妙地把问题挑选出来，那么自然就能找到问题的解决方案。

曾经我非常擅长押重点。举个例子，30 多年前我就押中了高考复试的题目。在"政治·经济"科目的叙述题中我押了两道题，其中一题在考试中出现了。这次考试的复试成绩所占比重较大，相当于在现在的全国统考中押中 80 分的题目。原本我的实力是在录取线上下徘徊，可以说我能被录取就是靠押中了题目。

进入大学后，我对自己押题的实力越来越有信心了。

因为我发现，当时我用来押中高考题目的方法和在教养系学到的"信息处理方法"别无二致。另外，在大学研究小组学了安全保障论、战略论后，我发现我的做法和"外交及战争中的信息分析方法"基本一致。

专业课从大二开始考试，因很难拿到高分而闻名。由于与生俱来的怠惰作祟，我从来都没有认真学习，总是在考试前借来朋友的笔记，一边听音乐一边分析笔记内容，为押题做准备。虽然从没认真学习过，但也凭押题的特别技能拿到了不错的成绩。那些知道我平常根本没在学习的酒友在看了我的成绩后，都十分信赖我的押题技术。到了大四临考前的休息时间，甚至会有三四人结伴，排队来问我觉得会考哪里。

日俄战争中，秋山真之参谋曾预言波罗的海舰队会入侵日本海，也确实说中了。据说他学生时代的押题本事就非常了得。得知这个故事后，我都想夸奖自己当初竟然不经意间走上了王者之路。

我因此变得积极，以在研究小组学到的知识为基础，从孙子、托克维尔、李德·哈特等人所著的古典名著中系统地学习了处理信息的方法。也是在那时，我发现所谓的传统教育，就是以古典名著为基础教授人如何处理信息。

在工作中押对重点的重要性

这种"押重点"的方法并不是耍小聪明，而是**正确处理信息的王道**，与能让人生更加丰富的基本技能息息相关。从古希腊亚里士多德时期起积累下来的先人智慧中学习处理信息的方法，预测工作中可能出现的问题，准备相应的解决方法并不是一时之策，而是真正的人生指南。学习教养、押对重点并将其活用于工作之中，这并非弄虚作假，也不是歪门邪道，而是堂堂正正的王道。

对进入社会的人来说，社会、时代及消费者都是我们的老师，它们会为我们预测将来可能出现的问题。准备好回答问题并付诸实践，是一个专业的社会人士得以生存的基本。

如同考试押题一样，如果能押中客户的需求，工作就会更加顺利；如果能押中市场的动向，距离事业的成功就更近一步；如果能押中社会和时代的走向，就不会弄错人生的前进道路。

这些方法都以信息的本质为基础，即便网络普及、媒体兴盛也依然有效。我也实际预测过社会和时代的动向，看出什么事业能在商界顺利发展，什么不能发展。此后再去预测未来的问题，使我负责的工作得以顺利进行，在开拓新事业时也派上了用场。在本书中，我将为大家说明此类信息处理方法，介绍如何将其活用于商业之中。

有关我个人利用这些方法开创新业务的具体事例，请参照我之前出版的《创造商业的工作》一书。

对数码家电事业的预测

利用处理信息的技能，观察世间商业的整体走向及社会和时代走向后，我从 2000 年起在个人网站上记录我的观察结论。

2002 年 4 月，我以《无 PC 数码时代》为题，写文指出今后被称为"数码家电"的市场将急剧扩大。我提出这个观点的时候，甚至还没有出现"数码家电"这个词。

正如我的预测一样，日本电器生产商的营业额不断飙升，进入"数码家电"的热潮。这时我笔锋一转，在 2004 年 11 月刊的 *Foresight* 中发表了《日本如何才能在数码家电事业中"笑到最后"》一文，指出如果日本不采取对策，未来将在我们占据优势的数码家电行业中败给中国台湾和韩国，如此一来会重蹈 PC（个人计算机）市场落败的覆辙。这篇文章为大家敲响了警钟，对当时已在推进却没有相应词语表达的"数字生产革命"的本质做了解释。看到如今日本家电生产商在数码家电行业节节败退并遭受了巨额损失，我可以自信地说自己当时的预测是正确的。

当然，这也是用教养教育教给我的基本的信息处理方法做出的预测和判断。

1.3 处理信息的基本：战略论

战略论在工作中相当有用

要说处理信息的基本教养，首先要提的就是战略论。在欧美国家，直接关乎国民性命安危的安全保障论和战略论被视为精英人才基础教养的组成部分之一。

我从童年时代起就不擅长吵架，也不喜欢看格斗类的节目。所以一开始，对《战争论》（克劳塞维茨著）这种名字的书籍有抵触心理，不愿去读。但真正学习过之后，我理解了这是先人在尽可能减少牺牲这一问题上留下的智慧。尤其是战略论，它是人类花费几千年，以性命为代价不断提炼出的有关信息处理方法的智慧结晶。

战略论中最基本的是信息重视战略。

战略论的鼻祖孙子最著名的一句话是"知己知彼，百战不殆"。

我们可以将其理解为"第一，知晓外部环境；第二，知晓自己在此环境中处于什么位置，然后一件一件执行自己该做的事"。无论是工作还是生活，都需要在最开始就理解这一基本教训。

带着个人希望观测情势，自认为对方会按自己的方便来行动；情况已经改变，却还做着和从前同样的事，因惰性招致失败——我们应该尽可能减少此类情况的发生。客观分析外界情况和自身状态后再着手应对，就能花最少的功夫为公司或团队做出最大的贡献。

战略论原本的作用就是消耗最少的战力，最大限度地达成目的。其想法的原点不是盲目地扩大战斗力，而是重视信息的作用，高效利用现有战斗力取得成果。

不停加班，甚至牺牲私人时间去制作资料，最终却一无所获，我们应该极力避免这样的"败仗"。要想尽可能地用更短的时间、花更少的功夫获得最大的成果，就要熟知外部环境，理解在这样的环境下自己能做出什么贡献，再去高效地工作。在信息重视战略中，最主要的就是不忘原本目的，高效工作。长时间高负荷的工作不是我们的目的。

所有战略论都在强调信息的重要性，并传授给我们处理信息时能派上用场的知识。若要践行信息重视战略，必须不断磨炼收集信息、分析信息的方法，即进行谍报活动的方法（有关谍报活动的知识会在第 3 章进行说明）。

战略论的另一个要点，是对战略和战术有阶段性的理解。

战略是指以大局观为基础决定事物的大方向，战术是指在实际场景中实现战略的方法。

只要战略正确，战术性失败就可以补救，但战略性失败无法用战术性成功来补救。若是采用错误的战略获得初期的战术性成功，之后带来的损失反而会扩大数倍。举个例子，在太平洋战争中，日本和美国发生战争本来就是战略上的失败，但日本却在战争初期赢得了偷袭珍珠港这一战术性的胜利，因此遭受到非常沉重的打击。战略就是如此重要、如此严肃的问题。

在工作中也一样，我们应该明确重要事件和微小事件的区别。是人总会犯错，只要不弄错大的方向，细微的失误后续都可以挽回。**但如果在判断大方向时出了错误，用小技能去挽回反而会扩大损失**——越是优秀的人越容易出现这种问题。

这与第 4 章提到的信息的表达（发出）也有一定关系。在太平洋战争之前，联合舰队司令长官山本五十六曾发言："如果要打，起初的半年或一年我们一定大闹一场让大家满意。要是延长到两年或三年，就完全没有定数了。"从战略论的角度来看，这一发言是巨大的失败。

后来的战略家都与当时的井上成美①一样，认为"他的发言令首相做出了海军至少能打一年的错误判断。他应该直说'海军无法战斗，一旦开战必定落败'"。

这是在指责他只说明了战术性的成功，却没有指出战略

---

① 井上成美（1889—1975），日本海军大将。——编者注

性的失败。如他所言，偷袭珍珠港这一战术确实成功了，但也扩大了日本在大局中承受的损失。在表达信息时，若想显得礼貌恭敬，就容易变得含糊暧昧，但表达信息的基本要求是明确清晰。

在战略问题上有一个点希望大家谨记：正因战略如此重要，所以与其制定一个欠妥的战略，不如没有战略。大局时刻都在变化，在无法对外部环境做出恰当判断时，确立一个方向并拘泥其中，只会招致失败。观察情况，不断尝试摸索后再决定前进方向是更好的选择。有人一张口就批评别人没有战略，但很多情况下，没有固定的战略才是最好的战略。我要再次重申，**与其制定一个欠妥的战略，不如没有战略**。

有人会装出一副行家的样子，语言中夹杂着时兴的外来语或日语中的罗马字，谈论平庸的经营战略论。但在此之前若是对这些古典战略论一无所知，才是学识上的耻辱。古典战略论及情报方面的知识的适用面非常广，也不会被流行左右，在现实中更为有用。

在日常工作中，要尽可能少花时间，为公司或团队做出最大的贡献。提高制作资料的速度和质量，尽量不加班就做出成果；给出新的提案或企划，解决公司苦恼的问题；做出不输给竞争公司的正确的商务判断。如果想要像这样低成本高效率地推进工作，了解"战略论"将非常有用。

1.4　处理信息的基本：理解不同文化

"理解不同文化"的方法适用于适应新工作

和职场同事相处不顺，很难适应新的工作，每个社会人士都会经历这类烦恼。理解不同文化的方法能教会我们如何处理这些问题。

掌握了理解不同文化的方法，就能更快适应新职场和新工作。不仅可以减少和上司、同事之间的摩擦，融入新职场，也能和客户及事业合作伙伴建立长远的良好关系。

如果不得已必须和不合拍的上司或组织接触，那么就当自己是人类文化学者，混入了地处世界边缘的民族中，观察不同文化的区别并享受其中吧。

加深对不同文化的理解，就能跨越差异，获得受用一生的普遍性知识。

著有理解不同文化的古典名著《论美国的民主》的法国作家托克维尔仅在美国停留了9个月，就说他"在美国看到了超越美国的东西"。活在 19 世纪的托克维尔预言了 20 世纪美苏冷战的爆发，他说将来美国和俄罗斯将两分天下。而且，他抓住了美国社会和民主主义的本质，直到现在，无论是民主党还是共和党的政治家，都会在竞选演讲时及总统就任演说中引用他的话。

只要效仿托克维尔，尝试用正确的方法理解不同文化，一定能在短时间内理解新职场这个比美国要小上许多的集体。

曾经，我用这种方法适应了环境十分严峻的新职场。1993 年我大概 30 岁，当时我去美国一家大型软件公司进修，在那里工作了 6 个月。不知是哪里出了差错，公司没有把我这个文科生分配到营业部或市场部，而是分配到研究未来时代产品的 R&D（研究开发）部。我的同事都是一群从小学就开始编程的 20 多岁的电脑迷，而我却操着一口蹩脚的英语且没有技术能力，显得非常另类。我完全不知该如何适应新职场，陷入了走投无路的状态。

于是，我用信息分析技术和理解不同文化的方法，不断写出报告，说明正在开发中的某件产品怎样才能在日本市场中被消费者接受，得到了上司和其他部门同事的认同。在进修后期，他们会把一些工作交给我来做，我写的日文版用户界面规划书也成为发送给客户方的第一版资料。在写规划书时，我并不是直接将英文版翻译成日文版，而是写出在日本的文化和市场环境中和其他潜在竞品竞争时，如何才能占据最佳地位。在我回国时，那家公司的日本法人中的最高领导也对我的规划书称赞不已，这段经历是我宝贵的回忆。

在美国公司的送别会上，和我关系比较好的同事很开心地告诉我，现在非常信任我、把工作交给我做的课长，曾在我赴任前给科室所有同事发邮件，说"他可能是个间谍，大家不要跟他说话"。

在这里我通过使用处理信息的方法，顺利融入新职场，捡回了一条命。

平衡看待相同性和不同性

那么，理解不同文化的方法具体来说是什么？

在接触不同文化时，平衡看待其相同性和不同性是关键。

接触与自己不同的行业、公司、部门时，会发现自己和对方处处不同，更容易发现双方的不同点。看到一个新的商业提案时，也会觉得它和现有业务不同的地方都是风险，从而持否定意见。

正因为两个事物在根本上有相同之处，其不同点才会格外显眼。而这些相同点是互相理解的基础，也使具有建设性和生产性的文化交流成为可能。

因此，在进行商务谈判时，要像念经一般不断重复双方的共同利益。适应新职场时，会发现现在的工作和以前的工作有不同的做法，现在的上司和以前的上司下达指示的方法也不同。

最初大家都会介意这些不同点，但大家的共同目的都是完成公司制订的目标。首先要找到在情感上自己和新职场的共同点，以此为基础去适应和融合，这非常重要。

在遇到新提案时也一样，不要只看它和现有习惯的不同点，也要观察它们的共同点。

但也不能只关注两者的相同点，漏看或用否定的眼光看待不同点。正因为和自己不同，接触和学习的过程中才更能产生创造性，也更有趣，要用肯定的眼光看待那些不同点。在处理与职场伙伴的关系、客户和自家公司的关系、国与国的关系时，如果没有做好享受文化摩擦与碰撞的乐趣的心理准备，就无法继续下去。让自己化身为一名人类学学者，带着好奇心在大局中观察其整体构造吧。

两种文化的共性和不同性对比越鲜明，其关系就越有趣，也更具生产性。

人气漫画《罗马浴场》（山崎麻里著）中，古代罗马和现代日本在时空、人种、语言文化方面都有明显的不同性。但同时作品也明确描绘出罗马人和日本人都喜欢泡澡、好奇心强烈、制作东西时非常考究等共性。正因如此，这部漫画才让人觉得非常有趣。

当我们理解了自身文化和其他文化的共性和不同性，就可以着眼观察对象文化的多样性。虽然同属关西，但京都、大阪、神户当地的居民会说他们的文化完全不同。在理解三地文化的多样性后再观察其共通之处，就能对整个关西文化有较为完整的理解。我在美国住了两年，发现地域文化差异非常有趣，所以走访了 30 个州。看过美国文化的多样性后，再去思考美国文化整体的共性，这才是正确的思考方式。

无论是分析信息还是发出信息，其基本方法都在于明确新信息与现有信息的相同点和不同点，之后我会对此进行详细说明。**同时具有鲜明的共性和不同性的信息，价值更高也更珍贵。**

掌握理解不同文化的能力，成为"受欢迎的人"

加深对不同文化的理解，磨炼理解不同文化的能力，与形成具有魅力的人格息息相关。理解不同文化，原本就是教养发挥的基本功能之一。

在众人的眼中，**那些具备灵活的知性和深厚教养的人在接触陌生人或陌生文化时，既不会全面否定也不会全面称赞，而是带着兴趣积极地从各个角度观察并主动了解对方，将其化为自身的一部分。**

而有些人虽然知识丰富，具备逻辑性的思维方式，是优秀的人才，却令人感受不到其人格魅力。这大多是因为他们没有掌握理解不同文化的方法。

所谓理解不同文化，指的是能用客观的眼光看待自己。所谓知性，指的是不忘用批判性的眼光看待自己。所谓有度量，指的是能够以积极的态度理解他人的行为，即使自己不会那样做。这种态度和状态只有那些灵活知性的人才能做到。这是理解不同文化的基础，也是塑造人格魅力的源泉。

在工作和商务中，在需要处理信息的各种情境下，这些理解不同文化的基本技能会发挥作用，后文将对此进行详细说明。不仅如此，这些技能在塑造人格魅力时也会派上用场。

1.5　预测未来并做出正确判断的 3 个基本技术

接下来，我将为大家介绍巧妙处理信息，预测未来并做出正确判断的基本方法。

要想在考试时押中题目，在工作中预测下一个问题并准备解决方案，需要以过往学到的教养知识为基础，并践行以下 3 个方法，这样一定会有所成效。

查阅公开信息

首先，要从公开的信息中收集有关对象事件的基本知识和客观事实（Fact）。

据说即使是美国 CIA（中央情报局），英国 MI5（国家安全局）这般著名的谍报机构（Intelligence Service），九成以上都是靠分析公开信息来做事。他们会详细调查对象国家的政府官方发言、报纸等媒体报道，分析其今后的动向。

高考时我曾押过"政治·经济"科目的试题，复试的论述题没什么好的参考书，于是我买下了当时日本文部省认证的所有教科书，只复习了这些教科书上的内容。因为我预感到公立大学不会在考试时出教科书范围外的题目。现在回想起来，这些教科书正是基本的公开信息。

在你即将负责某项新工作时，首先寻找并阅读这个领域教科书式的书籍。无论是什么领域，回溯领域内各类书籍引用的内容，最终都会回到某一部或某几部固定的基础教科书式的书或文献上。

政府机关的官方网站也非常重要。据说日本 Lifenet 人寿保险公司董事长兼 CEO 出口治明在创立互联网生命保险公司前，一直在浏览日本金融厅的官方网站，确信金融厅会许可他建立互联网生命保险公司。

现代工作中，基础公开信息的典型就是客户的官方网站。在现今的生意场，**谈生意前事先浏览对方的官方网站已经是最基本的礼仪，**和"交换名片"一样理所当然。

尤其是和某个初次见面的公司谈生意时，请务必事先浏览对方公司的官网。先从公开信息下手，了解对方的情况。

官网上写的公司理念基本只是表面性的标语，大家一般会直接跳过。但其实，读过之后至少能了解这家公司在形式上注重的是什么。毫无疑问，这也是这家公司真实状态的一个侧面表现。

这里说句题外话，其实一个人的人格也是一样的。人的本性和伪装并不是孤立的，思考适合自己的伪装方法去伪装自己，这种行为也是人格的一部分。

一个穿着美国佬衣服的人是否真的在用美国佬的行为模式行动，我们不得而知。但他认为美国佬"很酷"，并想让世人把自己当作美国佬看待的想法却不容置疑。这一类人和那些没有穿美国佬衣服的人的本性终究是不同的。

那些经常把"最近非常忙乱"挂在嘴边，在深夜和休息日也在发邮件的商务人士，一定自认为繁忙的商务人士"很帅"，也希望旁人如此看待自己。毫无疑问，这就是他的本性。当然，他是否真的是一个有能力的商务人士，我们不得而知。

同样的道理，一个公司认为怎样才是形象好的公司，希望他人如何看待自己公司，通过其表达我们可以窥得这家公司的本性。

接着，我们读网站上记载的公司发展历程，了解其在创业初期做了什么业务，取得成功的又是什么业务，就能明白这家公司推崇的是什么，忌讳的是什么。因为**无论是个人还是组织，都会受到过去成功经验的影响。**

即使是老客户，如果有段时间没见面，那么至少在见面前花1分钟读一遍对方官网上发布的"最新消息"。这样就能了解他们最近引以为傲的是什么，可以把它当作谈生意时的"敲门砖"。

如果再去看对方公司业绩和投资方面的信息，会有更深的理解。如果对方是上市大公司，对股票行情的分析也会派上用场。

如前文所示，首先收集、罗列、系统性地理解这些公开信息，之后针对对方的现状和真正的需求做一些假设，再去实际见面或沟通。

从公开信息中收集基础事实，做出对应分析，再以此为基础展开工作。这一方法非常重要。

历史性、系统性地理解事件（Context）的整体过程

对全局有历史性、系统性的理解，在整个事件中定位对应的信息也非常重要。

只要对事件有系统性的理解，那么即使发生突发事件，也能在瞬间判断出突发事件的重要度和对其他事件的影响度，从而迅速、正确地加以应对。同时，理解整个系统的框架后再把具体知识填充进去，就能短时高效地记住更多的东西。

我在参加法学院的考试前，并没有花时间死记硬背，而是花大量时间制作老师讲义的目录。因为这些目录正是老师头脑中的知识系统。之后再把讲义目录和教科书的目录做对比，找出那些被细化并讲解得非常详细的地方，就能大概推测出哪些内容会在考试中出现。

哪怕事先没有背下很多内容，只要把目录记下来，在考试前一天晚上熬个通宵，就能记住大量的内容。记忆大量的片段性的知识是非常困难的，但如果能理解整体内容中各条知识间

的关系，也就是说能构建系统性知识框架，剩下的就只需要把具体知识放进对应的位置，记忆力也会成倍提升。

我在高考备考时，详细对比了很多教科书的目录，发现其中几乎没有对知识做深入讲解、足以当作论述题的内容。我想编写考试题目的人也会为此困扰。这时我在某一本教科书里发现，有一个被框起来的专栏对某个特定问题做了深入详细的说明。我灵光一现，认真查阅过去的考试题目，发现这样的 5 个专栏中有两个曾在过去的试题中出现。于是，去掉之前已经出过的两个专栏和另一个不适合在试题中出现的专栏，我将试题押在剩下的两个问题上。结果押中了，Bingo！

还有一点，如果你理解了某个标题在整体目录中的定位，就能理解它与那些看似与它无关的标题的关系。在考试的论述题中若能提及相关要点，就一定会有加分。在实际工作中，这一方法也能帮你指出他人想不到的有效观点。

将细微的现场信息、非语言类信息作为提示

对方不经意间的话语，微小的表情变化，一些不起眼的新闻，我们可以将这些细微的信息作为提示进行推测。

如果你对全局有系统性的认识，就能发现这些细微的信息和不起眼的新闻报道中可疑的地方。并且你不会单凭这些信息做最终判断，而是把它们和公开信息及对全局系统性、连贯性的认识做对比，再次确认这些细微信息的内容是否重要与正确。

在冷战最激烈的时代，英国外交官和拥有强大军事能力的苏联军人展开了激烈的交涉。进入休息时间后，稍微放松下来的苏联军人突然自言自语般地小声说道："问题在于经济。是经济。"英国外交官没有漏掉这句话，从中感受到苏联虽然军事力量强大，经济上却面临崩溃。他把这条消息报告给英国，英国从而获得了一条正确又珍贵的情报。

我在法学院的课上记笔记时，**比起讲义的内容，更注意的是不漏听老师在心情放松时说的话和在随意聊天时提及的内容。**当时那位老师经过一番苦学当上了教授，在上课中途很是感慨地说："当时我因为穷吃了不少苦，通过帮人糊纸门赚钱才得以继续读书。"听到这句话之后，我马上在笔记本的边缘空白处写上"糊纸门赚钱事件"，并在前面画上星形记号。后来我发现，当天讲义涉及的领域是老师发表成名论文的领域，所以他才会如此感慨。保险起见，我对比老师讲义的目录和教科书的目录，果然发现凡是涉及这个领域的内容，老师都会讲得更为详细。于是，我把题目押在当时老师说这句话时讲到的内容上，不出所料，考试中确实出现了该内容，我又押中了。

回顾并总结以上内容，无非就是：

① 从公开信息中收集基本的客观事实（Fact）。

② 历史性、系统性地理解事件（Context）的整体过程。

③ 将细微的现场信息、非语言类信息作为提示。

使用以上 3 种方法判断分析社会、时代或消费者在将来可能给我们提出的问题，将对商务活动大有益处。

尤其是有关时代和社会的问题，如果能事先建立相关信息的结构体系，再去判断每天接触到的新闻的价值，在该体系中整理信息，就非常利于记忆。即使是一些小新闻或小事件，我们也能敏感地捕捉到其中蕴含的大意义。

预测未来，享受人生

接下来要谈的话题有些偏离主题，但掌握了预测未来、押中重点的方法，人生会更加精彩丰富。

我在读过各种自己喜欢的漫画后，会把它们称作"小林文库"，借给同事和朋友们阅读。我推荐并借阅给他人的漫画，有很多都在后来因人气爆棚或被改编成电视剧，成为热议的作品。《失恋巧克力职人》《进击的巨人》《大奥》《罗马浴场》《死亡笔记》《交响情人梦》等等皆是如此。这让我忍不住想骄傲一番。

话虽如此，我却没有热情去读周刊、月刊杂志的连载，只看书评或评论，等那些可能走红的作品出版为漫画书后再买下阅读，可以说算个半吊子的"宅人"。但我还是能用押题的方法猜中哪些作品会走红。如此一来，那些兴趣相投的年轻同事都很尊重我，对我这样的大叔来说可谓无上的幸福了。

预测将来的这门技术不仅在考试时有用，在适应新职场、确定商业发展方向、愉快地生活等方面也能派上大用场。

第 2 章

报纸、网络、人的阅读方法

——信息的收集

2.1　有用的信息收集方法

什么是有用的信息

处理信息并独立做出判断的第一步就是收集信息。

由于网络普及，现代社会中充斥着大量的信息。但其中大多数或是谣传，或是早就无人不知，又或只是信息发出人在宣泄自己的情绪，都派不上用场。

本章将为大家说明剔除这些无用信息，收集有用信息的方法。

什么才是有用的信息？大家常说，世间的大多数信息，要么是理所应当的事实，要么出人意料但并非事实，这两种信息都没有用处。反过来讲，越真实、越具有意外性和稀有性的信息就越有价值。

但世间真正真实且有意外性的信息少之又少，我们收集的信息中也包含素材信息，这些素材信息能帮助我们获取真实且有意外性的信息。我们身为接收人，要想通过分析与解释输出真实且有意外性的信息，收集素材信息就非常重要。

也就是说，我们可以先收集那些真实但不具有稀有性和意外性的信息。上一章提到的具有重要意义的公开信息就是这一类信息。

同时，我们也需要收集部分并非真实但具有稀有性和意外性的信息。即便信息本身不够真实，如果你有能力修正调整，这些信息也会十分珍贵。举个例子，如果有一条天气预报肯定是错误的，那它就有用处。因为如果预报晴天，我们就可以带上雨伞；如果预报下雨，我们就可以戴上帽子来遮挡阳光。

我想，各位读者认识的人中间一定有这样一类人：做事很有逻辑，事务处理能力也很强，同时身居高位。但看他过去的业绩，就能发现他没有丝毫的商业眼光。如果向这类人说明自己想开展某项业务，听对方回答"我并非不能理解其中的道理，但作为一项业务，我感觉它无法成立"时，你就可以在心里偷着乐了。因为这种情况也属于不真实但有用的信息来源。

要广泛收集多种不同类型的信息源

无论褒贬不管左右，要尽可能广泛地收集多种不同类型的信息源，因为总会派上用场。**想走在道路正中央，如果不看道路两边，就不知哪里才是正中央。**

实验证明，在复杂理论中，一个包含多个不同类型个体的团体，用多数表决法得出的结论，其准确率要比个人得出结论的准确率的平均值更高。(《完美的群体》，兰·费雪著)。而群体成员越是具有多样性，准确率就越高。这里的多样性，指的是知识的多样性、视点的多样性、解释的多样性、问题解决方法的多样性和预测模型的多样性。

判断某个信息的真伪时，要尽可能地根据从不同立场、用不同方法得到的信息源做判断，即需要"收集多重证据"，这样做出的判断才更准确。换言之，我们不能收集同一种类的信息源，而是要尽可能收集多种类型的信息源后再做判断。毫无疑问，只有这样才更容易接近真实。从这个理论来看，同一家公司同一个年代的人聚在一起开会得出的结论似乎并不会有太大的作用。

如果平常就接触多种不同类型的信息源，当发生类似金融危机这种意料之外的状况，需要当机立断时，平时的习惯就会显出功效。因为大致的直觉会发挥作用，头脑中也有对应的目录，知道读取哪个信息源就能理解现状。

接触不同种类的信息源还有一个好处，就是会获得Serendipity (意外收获)，也能想到富有创造性的新创意。

最好时刻留心，广泛收集多个不同种类的信息源，推荐大家通过网络、报纸、电视、书籍等不同的媒体渠道收集信息。如果只通过网络，或是反过来只阅读报纸却不参考网络信息，就有可能漏掉重要信息。

如上所述，我们要广泛扩展信息源。但如果只是为确保信息的多样性而收集那些不怎么重要的信息，就可以浅而广地、少量地收集。相反地，要尽可能高频率地从值得信赖且有用的信息源收集信息。

可靠信息源的标准

在处理广泛收集到的信息时，对于那些为确保多样性收集的、只需偶尔参考的信息，和那些值得信赖需要熟读的信息，自然要区别处理其比重。那什么才是所谓的值得信赖的信息源？这里我为大家列举 3 个标准。

① 能看清信息的来源和思考过程

以从何处得来的信息为基础，做出了怎样的解释和推论，才最终得出了这个结论？明确展示出上述思考过程的信息才可以信赖。

首先，信息要具有可验证性才值得信赖。如果上次只是凑巧得到了正确的信息，那下次得到的信息就不值得信赖。只有以可验证的数据为基础，用和上次得出正确信息经历同样过程后得出的新信息才值得信赖。

其次，信息要具有可应用性才是实用的。假设以某个数据为基础，用值得信赖的推论方法从 X 这一信息源得出了某个结论。而你自己手里有比 X 更精确的数据，那就可以把这个更精确的数据套用在相同的推理过程中，得到另一个正确答案。如此就创造出一条只属于你自己的稀有又正确的高价值信息。

同样，当情况有变时，你也可以巧妙调整得出的结论，做出应对。如果逻辑的前提是明确的，那前提因环境变化而变化时，自己就能判断出得出的结论也将不同。

② 做出的预测没有偏向某一个方向

如果以某个信息源为基础预测出的前景都偏向同一个方向，那它就不够可靠。

有人总是预测日元汇率会降低，有人一直说股价会上涨，也有人一直说其他事业部的业务会亏损。环境明明在变，做出的预测却一直不变，这是不合理的。当事人不是在分析状况，而只是在表明自己的价值观。这种情况下，也许最初他的说明是在分析将来的情况，但最终会演变为对未来情况的断定，以表现他个人的价值观。

值得信赖的信息源会把根据情况变化得出的最新数据代入从前得出正确结论的思考过程和分析手法中，从而得出不同的结论。因此，那些预测股票行情时，对上涨和下跌两种行情都做出过正确预测的信息源才值得信赖。

③ 有优秀的成果记录

无论是什么领域，在专业人士的世界中，实际成绩都是最重要的。

尤其在评估某个信息源时，优先考虑的不是展示能力（说明能力）和权威性，而是成果记录（实际成绩）。名教授用完美的展示方法解说的错误预测并不足道，我们更应该重视那些因缺乏自信而小声说出的正确预测。正如我在第 1 章处理信息的基本方法中描述的一样，要从整体性和历史性的视角去评估信息。

日本对评论家的评价并不严格，这一点需多加留心。曾多次做出错误预测的"有识之士"会在电视和报纸上充满自信地发表意见，我们必须小心。据中西辉政教授说，欧美人民会严格追究有识之士过去的言行是否有偏颇，考证他们预测的正确率。而日本却被国外学者称为"在知性社会中没有成绩通知单的国家"（《读取信息的技术》，中西辉政著）。

成果记录中尤其值得称赞的，是根据状况的不同成功预测出相反结果的记录。以股票行情为例，曾成功预测出上涨和下跌两种趋势的人做出的预测价值会更高。在公司也一样，对所有新企划都要挑刺的人的意见无法作为参考。但那些有时说太过危险不要去做，有时却积极推荐大家去做，且从最终结果来看他的两种建议都正确的人，就值得信赖并应当时常听取他的意见。

只要留下优秀的成果记录，哪怕是匿名的信息源也是可靠的。如果有一个博客持续 5 年以上发布信息，且过去给出的信息都是正确的，那么即使博主用的是笔名，也值得信赖。

我自己连续写了 10 年的博客，所以能理解这一行为，想到自己过去 10 年写的东西都会公开供大家查看，就有强烈的动力告诫自己不能写一些敷衍的内容。因为如果有老读者评论"写的内容和 3 年前写的这篇文章不太一样"，我肯定会胆战心惊。而且还有一些人虽从未谋面，但读了我过去的博客后给予了我百分之百的信任，还会为我提供一些珍贵的信息。确实，如果一个人写了 10 年的东西，比起他所属的组织和他的头衔，他的文字才更能体现他真正的人格。

如此一来，比丢失真名和信誉更可怕的，是写一些敷衍的文字给自己的笔名抹黑。因此，那些留有记录且常年写着可靠内容的博客是值得信赖的。

尽可能频繁地从这些满足可靠信息源标准的地方收集信息并认真解读，会有很大的益处。

2.2 范例信息源是至关重要的救生索

什么是范例信息源

下面我来为大家具体介绍什么才是符合可靠信息源条件的范例信息源。这里介绍的能成为救生索的信息源，来自和我们日常生活有直接联系，但媒体却没有传播专业、正确信息的领域。

希望大家注意，虽然我在这里说它们值得信赖，也请不要盲目相信，要时刻用自己的感觉验证其真伪后再加利用。无论情况如何，一切后果自负，是处理信息时永远不变的规则。

在两年前预言雷曼兄弟破产的博主 ——Gucchi

在金融与经济方面，笔名为 Gucchi 的山口正洋的发言是可靠的。

山口在 2008 年雷曼兄弟破产的大约两年前就在博客中写道，美国会出现次贷危机，全世界将陷入金融危机。当时他预测的事件缘由、金融崩溃的过程、涉及的金额等几乎全都成为现实。而且在之后的各个关键节点，他都做出了不同于主流媒体论调的预测，并全都说中。

下面，我们把他做出的预测与可靠信息的标准做一下对照分析。

首先来看"能看清信息的来源和思考过程"这一点。次级房贷原本就是随着贷款金额不断扩大，终有一天会面临崩溃的结构，而且只看金融保险的规模，就能类推出受到影响的金额总数，这都是显而易见的。他后来也不断对金融、经济问题做出正确的预测，大多数信息的依据都是当局给出的经济统计数据或FRB（美国联邦储备委员会）和日本银行的评论。他不断认真研读分析这些信息，对比其中的变化，做出自己的预测。

接下来看"做出的预测没有偏向某一个方向"这一点。他在指出次贷崩盘导致金融危机的同时，也同样正确推测出美国在雷曼兄弟公司破产后重新崛起的时机。针对日本经济，他不仅指出了经济停滞不前的状态，同样也推测出经济略微回暖的时机。正可谓正确预测了经济行情的上升期和下降期。

再看第3点，即"有优秀的成果记录"这一点。在次贷问题之后，他对欧洲国家金融危机、美国FRB的决定等问题也连续做出了正确的预测。甚至比欧洲经济类报纸媒体更准确地预测出FRB开始缩小QE（量化宽松货币政策），即开始实行通货紧缩的时机。当时他只是认真阅读了FRB的声明，看过经济统计数据，所以他反而很不理解，为什么连欧美经济类报纸都会搞错，真的非常有趣。

有关核电站泄漏事故问题的快速且准确的信息源 —— 牧野淳一郎

如果将来还会发生核电站泄漏事故，我推荐大家事先在网上查看牧野淳一郎发出的信息。因为这是最快且最正确的信息。

2011 年 3 月 11 日东日本大地震发生后，对于福岛第一核电站的状况和危险性问题，四处充斥着大量不确定的信息。在此情况下，牧野及时根据状况的变化，不断在网上发布"核反应堆核心熔毁""事故重大级别应该更高""区划范围内已出现放射源"等和官方信息相反的重要警告。(《核电站事故及科学应对方法》，牧野淳一郎著）

牧野既不是核能领域的专家，也没有掌握任何内部信息。仅靠高中学到的物理知识、高中时代读过的岩波新书《核能发电》(武谷三男编，1976 年）和网上的公开信息，就能不断做出推论。现在再去回顾，可以发现这些推论几乎全都正确。

下面我们把他的推论与可靠信息的标准做对照分析。

首先来看"能看清信息的来源和思考过程"这一点。他依照科学家的做法，明确地在网上写出了信息源和推论依据。而且信息源是高中物理教科书、一本岩波新书和网络，都是公开的信息。

接下来看"做出的预测没有偏向某一个方向"这一点。他没有一味反对、批判核电站泄漏事件，这种态度值得信赖。他在著作中提到，"在农作物污染问题上，没有出现明显低估的情况"。有如此态度的人说出"放射性物质的实际辐射量比政府公布的数字要高"，可信度会提高不少。

再看第 3 点，即"有优秀的成果记录"这一点。福岛核电站泄漏事故的相关记录都有留存，肯定不会错。他的著作中转载了当时他发送的邮件，里面的错字和漏字都原封不动地保留下来。身为一个文科生，我甚至被他这种符合科学家作风的严谨态度逗笑了。

我们能从牧野的态度中感受到他拥有极好的教养、灵活的知性，还有身为科学家无论如何都要弄清事实真相的强烈意志。

预言中国经济的成长和停滞 —— 津上俊哉

我们无法像搬家一样搬迁整个国家，所以中国的动向会给生活在日本的我们带来很大的影响。安全保障和经济问题自不必说，PM2.5、食品安全、大量游客的造访，等等，在我们的日常生活和新闻中，每天都会接触到相关的信息，但媒体在全局动向上还未做出正确的预测。

2003 年在预测中国未来的走向时，有人说会大繁荣，也有人说会大崩溃，大家看法各不相同。这时，津上俊哉出版了《中国崛起》（获得三得利学艺奖）一书，成为当时的一大流行语，也成功预测了之后中国经济的稳步发展。

但 2013 年，当大家都理所当然地预测中国会超越美国成为世界最大的经济大国时，他却反过来预测中国的经济增长率无法继续维持在 8%，并出版《中国抬头的终结》（日本经济新闻出版社）一书，自己宣布当初为他赢得三得利学艺奖的书的主旨迎来终结，明确界定了自身理论的范围。如此知性诚实的态度确实令人钦佩。他根据状况的不同，吸收新信息再修改预测结果，极具灵活性。

津上先是认真研读中国发布的官方信息，再持续分析中国媒体和中国社交网站"微博"等发布的公开信息。他还会听那些经营中小企业的中国朋友的意见和抱怨，吸收相关信息。这样看来，他用的是以公开信息为基础，凭借不经意间的话语和非语言类信息进行分析并预测未来的基本手法，这也展示出他的思考过程。

在日本，分析中国问题的人分两种。一种人在分析说明时完全以中国政府的声明为准，另一种人对中国的所有动向都持负面态度。在这样的大背景下，津上通过实际分析中国经济的动向做出预测。单凭这一点，就能看出他提供的信息没有偏向同一个方向，确实值得信赖。

2.3 巧读报纸的方法

报纸的特性

前文中提到，在处理信息时，公开信息非常重要。

而在所有的公开信息中，能轻松获取、范围最广、质量最优的信息渠道就是报纸。理解如何阅读报纸，是处理信息的基本。

如果你想广而浅地了解新的事实信息，那么报纸非常有用，只要每天早晨抽出 5 分钟时间浏览报纸所有版面的标题即可。等有空的时候再阅读自己感兴趣的报道，哪怕读到一半也好。如果每天都读，只读一份报纸即可。不过有条件的话，还是推荐读两份不同的报纸。

在收集、分析信息的能力上，报纸要比其他媒体高出数个级别。因为这是数百人以上的大规模团队利用多年累积的经验，有组织地进行的信息收集和分析。报纸的力量能碾压民间电视台和杂志，而且没有任何个人能每天在网络上提供比报纸范围更广、数量更大的信息。因此，我们没有理由不去活用报纸强大的信息提供能力。

报纸的另一个特征，是其表达信息的方法能使读者在短时间内广泛了解世间发生的事件。报道的位置越靠前，标题字体越大，内容就越重要。

而且，新闻报道的写作方法能让我们不用把每篇报道读到最后，即使读到中间不再读下去，也能理解其中的重要信息。开头先简洁地写出 5W1H 的基本信息，再具体写出 5W1H 的内容，最后对每个条目做详细说明。以报道的开头为中心，如向外画出旋涡一般，逐步详细说明所有内容。

过去有一位编辑部主任在决定版面时，为缩短篇幅删掉了某篇报道原稿的后半部分。记者们为了在再次遇到这种情况时也能使报道内容成立，所以使用了这种写作方法。作为读者，只要把旋涡画到自己想了解的详细程度就可以停下，即使不阅读后面的内容，也不会漏掉重要的信息。

理解偏差

在获取信息时，我们必须理解其信息源特有的倾向。反过来，正如前文提到的"一定是错误的天气预报"一样，如果能正确理解信息的偏差，就能将其转化为有用的信息。大家要事先理解报纸新闻的偏差，再吸收信息化为己用。

要想理解事件的偏差，读取信息的一方一定要保证自己的中心线不会出现偏差。为此，需要把一条新闻放在历史性、系统性的体系中，也就是在之前提到的个人知识储备中定位这条新闻后再阅读。这时我们会发现，报纸有以下几个特有的倾向。

如果报纸上的新闻报道的不是事实，而是意图宣扬实现某种政策，那不全盘接受更为保险。新闻报纸拥有强大的信息能力，反过来这也是它的缺点。有组织地接触到正确信息的报社和记者们，会自以为自己也成了专家，开始提出一些政策方案。一旦他们开始写一些超越事实的信息，写一些包含个人价值判断并有褒贬之分的意见，新闻的质量就会立刻下降。

理所当然地，收集并提供正确信息的组织与探索追求新事实并提出建设性意见的组织截然不同，两个组织的人员接受的训练也不同。

要想发现一个小小的物理法则，再优秀的资深科学记者也比不上那些每天做实验的研究生。熟读专业领域的国内外文献，对成果进行研究并展开讨论的大学教师提出的政策，比那些每天监视政治家到很晚的记者更具建设性。

如果报纸报道的是事实，就值得我们信赖。但如果其中掺入了记者和报社自己的见解或意图，就不能全盘接受，而要用自己的头脑慎重判断是否要吸收其中的信息。我们在阅读报纸前必须先理解这类倾向。因此，对于社论和版面左上角被框起来的特辑都不用太过重视。很多报道的标题和开头与实际内容中的政治性表述并不相同，这种情况也需要多加留意。但像日经新闻的《经济教室》版块和朝日新闻的《我的视角》版块，这种由报社外部人士署名编写的内容，还是可以拿来参考的。

那些**只是简洁报道事实的基础报道，大多非常珍贵，尤其是报道的事实与社论版块头条内容的意见不同的**。因为和头条内容意见相反，所以占据的版面可能非常小。一般报社都会这样做，因为如果将来发现头条意见是错误的，就可以辩解当时他们也写出了相反的事实。

下一个需要留意的是那些**重视内容新奇性的新闻的偏差**。

有这样一句话，"狗咬了人不是新闻，但如果人咬了狗，就是大新闻"。如果看到人咬狗的新闻就认为世界上很多人都在咬狗，就是错误的认识。具有强烈新奇性，会给人留下深刻印象的新闻会被重点报道，而我们不能被这些流行的信息误导。

举个例子，我们经常会看到报道中说，日元汇率升高会破坏日本经济。但和其他发达国家相比，现在日本对贸易的依赖度非常低，日元汇率升高只会给部分出口企业造成影响。如果我们能回归处理信息的基本，从全局观察并历史性、系统性地理解这类新闻，就不会被它的倾向迷惑。

要想理解整个新闻的倾向，我推荐大家**每年一次，选一个自己感兴趣的主题，对比阅读所有报纸中有关这个主题的报道**，再凭自己的感觉大概掌握各家报纸中观点倾向的程度。如此一来，以后再读某家报纸时，就能对其偏差加以修正。一般我们认为《朝日新闻》偏左翼，而《读卖新闻》《产经新闻》偏右翼。

　　说些题外话。很早以前，《产经新闻》就比《朝日新闻》更积极地提供免费的网络新闻。大家都说网络社论比普通社论要稍偏右翼，很有可能就是这个原因。

　　最后要告诉大家，欧美的报纸和日本并无质的区别，不用将其奉为神谕，也不要毫无根据地否定，用与处理日本报纸同样的方法处理即可。在经济和金融领域，英国《金融时报》更胜一筹，《华尔街日报》和《日经新闻》出错的概率没有太大的区别。硬要列举的话，日本在有关安全保障问题的报道和预测上要比国外弱一些。因事关市民读者的生命安全，所以国外的优质报纸对战争、军事相关的信息非常敏感，也会理所当然地加以报道。现在在网上也能读到很多国外报纸的日文版，有条件的话，推荐大家持续阅读相关内容。

如何读报纸

　　在系统性地理解了报纸的特征后，就可以参考以下报纸的基本阅读方法。

　　　·每天浏览一份报纸的所有标题。

　　　·报道不用全部读完，阅读一半也可以。

　　　·不用太过重视社论和某个版面的专题记事。

　　　·要认真阅读基础报道。基础报道的标题比内部版面报道的开头和后半部分更重要。

　·不要忘记大局观，应历史性、系统性地理解报纸内容。

　·不要把新奇的、会给人留下强烈印象的新闻误认为是世间风潮。

　·一年应该找一次机会，对比阅读所有报纸有关同一个主题的报道，把握各家报社特有的倾向。

阅读网络报纸时，我喜欢在平板电脑上使用可以把新闻以纸质新闻版面展示出来的应用程序。因为这种形式很适合使用前文提到的阅读方法，即先根据标题字体的大小粗略浏览整份报纸，再详细阅读自己感兴趣的内容。正因为如此，我才会觉得那些用同样大小的字体把新闻标题分行显示出来的手机应用程序没有灵活地应用新闻的特性。

2.4　收集网络信息

网络是头脑风暴的好搭档

网络就像撒网一般，能广范围地收集现有信息的关联信息以及新的信息。但我们绝不能直接信任这些信息，而应把它们当作头脑风暴的搭档去尽情使用。

网络是一个低门槛的媒体平台，无论是发出信息还是接收信息，都既便宜又简单。独立的个人能轻松地发出信息，民众也能简单地获取中央政府发出的信息。要看到多样且大量的信息非常容易，这是它的优点。缺点在于，因为门槛低，所以四处都有大量无用的信息，不能轻信。

维基百科上的内容也不能全信，就像听智囊团的意见一样，把它当作众多意见中的一个来参考才更有生产性。如果无人知道事实的真相，那么做判断时多数人的意见会比个人的意见更正确。但如果有专家知道事实的真相，那专家的意见肯定更准确。2ch[①]的创立者 Hiroyuki（西村博之）曾说道，如果多数人的智慧才是正确的，那么伽利略的日心说绝不会被世人接受。

针对某个特定主题进行调查时，可以在维基百科、亚马逊、谷歌等网站搜索主题关键词。这里以调查"4K 电视"为例说明。

粗略阅读在维基百科或谷歌搜索"4K"后出现的报道，就会发现"8K 电视""播放高清化"这些词语会经常出现，我们需要再次搜索这些关联词语。像搜索"4K 电视"会出现"播放高清化"一样，再次检索时用更大类别、更具抽象性的词语，效果会越好。

在亚马逊搜索"4K"，就能找到和 4K 有关的书。看这本书的简介、目录和评论，就能发现更多的关联词语。再看"购买此商品的用户还购买了这些商品"的推送栏和用户的评价，就能确认相同领域还有什么书籍。

重复这种方法，就能不断找到对应领域的关键词、关键组织和书籍。搜索"4K 电视"，我们会发现"智能电视、播放高清化、播放与通信的融合、数字内容的流通"等是与其相关的关键词。

撒开信息网，收集到一定数量的信息之后，就要筛选出正确的基础性文字和教科书式的基础参考资料。无论什么领域，回溯信息中引用、参照的文字，最终都会回到两到三个基础参考资料上。它们大多都是政府机关的公开资料或对应领域的经

---

① 日本网络论坛，由西村博之于 1999 年创立。——编者注

典著作。

政府及国家机构举办的咨询性质的见面会中使用的说明资料一般都简单易懂，尤其是与当下话题事件有关的信息。资料中一般整理归纳了所有相关的基本事项，也很少有错误。以"4K"为例，日本总务省举办的"有关 4K·8K 市场企划的辅助支持集体会见"中，事务局的说明资料简单易懂，信息量也很丰富。这份资料在网上也能查阅到。

例：根据网络信息预测 4K 电视时代

用上述方法调查后，会了解到以下有关 4K 电视的信息：

· 举办东京奥运会的 2020 年是 4K 电视普及的第一个关键时间点。

· 4K 的数据量太大，很难在电视台播放，要借助网络来发布。

· 和当初转型的地上数字电视一样，4K 电视的转型不会在某一天全部完成，而是在两种形式共存的状态下逐渐完成。

· 观众会交叉观看电视台播放的影像和通过网络传播的 4K 影像。

· 通过网络发布影像内容的过程可以参考发布音乐内容的先例。

如此，我们就能仅靠从网络获取的信息预测将来 4K 电视普及后的景象。我把它编成故事，为大家说明。

*

2020 年的某一天，在春天刚刚结婚的翔太（30 岁）搬进了新租的公寓。他没有给家里安装固定电话，因为有手机就足够了。他也没有拉电视天线（同轴电缆），只给刚刚购买的 4K 大屏幕电视接了一根网络电缆。在东京市中心新建的公寓中，越来越多的房间没有配电话线和电视天线的接口，只配有高速网络电缆。

翔太开始在客厅里看电视。打开电视后，最先出现的是 NHK1 频道，按下换台的"↑"键之后，出现的是网络 4K 专用的播放内容。再按下"↑"键，看到的是 TIGERS 队的棒球比赛实况转播。这是关西地区主要电视台通过网络发布的影像，翔太是阪神队的粉丝。再按下"↑"键，看到的是地面信号电视 6 频道，大概是因为他经常看电视剧，所以会出现这个频道。再下一个出现的是购物频道，因为他妻子经常在看。再次立刻按下"↑"键跳过这个频道后，出现的是 BS1 台。

像这样不停按"↑"键，翔太和他妻子平常经常看的频道会按顺序在地面信号电视频道、BS 频道 [1] 和互联网发布的影像之间切换。不仅如此，还能用以下方法推荐相关的频道和内容。

翔太打开电视，在显示出 NHK1 频道后按下"↓"键，屏

---

[1] 日本一家广播卫星电视公司。——编者注

幕上出现的是今天的热门话题——奥运会马术比赛中丹麦选手表现惊艳的新闻画面。这是网络服务 VOD（Video On Demand，视频点播）推送的内容，因为此项竞技项目比较罕见，所以没有电视台转播赛事内容。再次按下"↓"键，出现的是他平常不怎么看的地面信号电视 8 频道的大阪的漫才①节目。这是因为电视的算法程序推算出 TIGERS 队的粉丝可能会喜欢漫才，所以推送了这个节目。

像这样按下"↓"键，电视会推荐一些你自己没有想到但可能会感兴趣的节目。这一做法是将 2013 年提供在线音乐服务的美国 PanDoRa 音乐电台网站使用的推送功能扩展应用于影像内容的推送。

各家电视生产商在扩展电视功能方面不断竞争，强化了电视与网络及智能手机的联动性。

因为照片很好看，他的妻子正在看纸质的时尚杂志。这时，由日本轻小说改编的、能年玲奈饰演配角的好莱坞电影获得奥斯卡金像奖的报道出现在电视屏幕上。用手机对准这篇报道，就会显示出能年出演的所有影视剧的列表。点击 2013 年播出的《海女》，按住手机上出现的动画，将其滑动到客厅的电视上。时隔 7 年再次看到《海女》，当时的能年真的好年轻。

---

① 日本的一种喜剧形式，类似于中国的对口相声。——编者注

网络上有用的信息源

我来为大家介绍其他几个网络信息源，定期查看肯定能派上用场。

·溜池通信　http://tameike.net/

这是国会议员、政治部记者等永田町① 相关人员无人不知、无人不晓的有关政治、经济、安全保障信息的网站。它不会哗众取宠，但在关键时刻会不惜犯险，做出明确的形势判断。在各方媒体难以做出预测的时期，这一网站曾明确表示美国会发动伊拉克战争，也曾明确声明奥巴马会在美国总统大选中胜出，这些预测都十分准确。此外，它还会在不同时期介绍一些有用的网站供读者参考。

·JBpress　http://jbpress.ismedia.jp/

在这个网站可以免费阅读《金融时报》《经济学人》等海外媒体主要报道的日文版。日本报纸对海外形势的介绍不多，作为内容补充相当有用。

·解读世界潮流　冈崎研究所评论集　Wedge 上

http://wedge.ismedia.jp/category/okazakiken

冈崎研究所会在这个网站用日语解说与国外安全保障信息相关的内容。日本报纸有关安全保障的信息会有所不

---

① 位于日本东京都千代田区南端，日本国会议事堂、首相官邸等皆位于此。——编者注

足，可作补充参考。

· Alexa http://www.alexa.com/

在这个网站能看到其他各个网站的浏览量。看过之后大概能了解自己准备参考的网站有多少浏览量，是否有人气。

· Google AdWords 关键词计划表

http://adwords.google.co.jp/KeywordPlanner

这个网站能查到用谷歌搜索关联广告的广告单价。这是一个小秘籍，我们可以用这个网站查到某个词语有多少搜索量，还能查到每个关键词的广告单价，也就是这个词语的价格，了解与金钱有直接关系的信息。

如果你自己在博客或社交平台发出信息，那些因此得益的读者也会给你提供一些珍贵的信息。如果你上传自己的创意，就能将它当作记录本来用。我在博客上传了一篇文章，说《历史之眼》这部漫画很有趣，就有读者留言推荐我读《少女新娘物语》，这是非常开心的体验。

2.5 自己收集第一手信息

接受他人的恋爱咨询，磨炼倾听的技术

亲自和他人见面获得的第一手信息，是从你自身的视角获得的独一无二的信息，有很高的附加价值。

在预测未来问题这一主题中，它归属于押对重点的 3 项基本技术中的"将细微的现场信息、非语言类信息作为提示"这一条。在和他人见面前，首先通过公开信息收集"见面对象"和"听到的事件"的基本信息，对其有历史性、系统性的理解，不要漏掉任何细微的话语，这十分重要。

但最关键的还是要成为一个"善于倾听的人"，这才是获取信息的基本。我在学生时代经常会接受异性朋友的恋爱咨询，在此过程中学到了倾听的基本技术。

当时我应该被大部分女生看作"安全牌"，也就是现在所说的"草食系"男生，所以经常会有女性朋友来向我咨询"和男朋友的关系不顺利""我喜欢的人注意不到我的心意""我被

甩了"等问题。起初我会给她们一些具体的建议，或是提出由我来和她们在意的男生沟通，但结果却没能让她们开心起来。我所珍视的友人难得向我求助，我却帮不到她们，这让我非常焦急。

于是我在摸索查询的过程中，理解了"倾听"在心理咨询和临床心理学中的重要性，并拼命学习用自己的方式付诸实践。所谓倾听，就是不表明自己的判断和意见，而是一个劲儿地听对方说他想说的话。

日本临床心理学资深专家河合隼雄先生曾说过这样一句名言：心理咨询师的工作就是拼命让自己不做任何事。也就是说，倾听的一方能少说话就少说话。但你还需要集中精力去听，否则说话的一方就不会开口。我们需要等待说话的一方在倾诉过程中靠自愈力恢复精神。

如果听到有人跟你说他"被甩了"，不要马上给他打气，而要顺着对方，和他一起悲伤。换句话说，如果当事人正走在通往"黄泉"的下坡路上，你就和他保持半步的距离，跟在他后面就好。在倾诉的过程中，如果看到对方有自愈的征兆，就同样保持半步的距离走在他前面，和他一起慢慢走出并逃离"黄泉之国"。如此一来，倾听的一方既没有表达自己的意见，也没说什么能帮到对方的话，却能让对方重新振作起来，有时当事人甚至会和另一半和好如初。一言不发地集中精力听别人说话，是非常困难也非常耗神的事，但如果能做好这一点，会有很好的效果。

除了附和及重复对方的话以外，请不要多说话，为避免给对方带来被逼问的感觉，要将提问降到最低程度。附和与重复不是为了确认事实信息，而是与对方产生感情上的共鸣。用高尔夫球来打比方，如果听到对方说"球掉进池子里了""这一击超过标准杆数了"，我们肯定不会高兴，会想对他说"你不说我也知道"。这时就应该说，"球路真漂亮"或者"刚才在很难打的地方顺利击中了"这种对方心里在想，我们也有同感的话。如果有人说"我们进入了一个黑暗的隧道"，回答"有点可怕"，要比回答"这隧道好黑"更能确认两人拥有的共同感受。

在工作中，必须询问并了解更多的事实关系，但如果不是进行交涉或表现自己，而是要收集信息，那么最优先的事项肯定是让对方多多开口说话。无论对方说的话有多大的矛盾都不要干涉，而是尽可能多地问出对方头脑中的东西。在此基础上，对照基本事实及对其的系统性理解，选择那些有用的信息即可。

这种以倾听为基础的临床心理学方法，能够灵活适用于职场的人才培养和团队建设中。其基本方法当然还是**"拼命让自己不做任何事"**。

不只要听对方说的话，还要注意观察对方的行动

不仅要从对方口中问出语言信息，也要收集那些由非语言行为表现出来的信息。如果对方用强烈的语气对你说了不合理

的话，就可以认为这背后肯定有其他信息，这种情况非常多见。在生意场上，有时客户会提出一些不合理的商品质量投诉，令我们解决起来十分苦恼。但实际上是因为客户方的销售情况不佳导致货品积压，试图退货才故意投诉商品质量问题的。这种情况时有所见。这时我们需要将相应信息重新理解为该商品的销量已经走低，并认真调查流通中的库存数量。如果有必要，就需要对产量进行调整，否则会导致非常严重的后果。

再举个例子，在现场工作的工匠们大都不善用言语表达自己。有时，工匠会用为难的表情说"最好不要这样，太危险了"。这时他们虽然没有详细说明原因，但最好不要再勉强他们。如果平常和他们有私人交往，建立了信任关系，就能通过其语言以外的态度判断他想表达的是什么。

恋人之间也是一样，如果在约会时觉得对方好像心情不好，先想想是不是忘记了两个人重要的纪念日。因某些特殊原因不能把话说出口时，人就会用其他的语言或非语言的态度表现出来，这在日常生活中是很常见的。

请不要漏掉这些细节。

倾听来自工作和生意场的声音

自己不做任何事只是倾听，且认真听取他人语言之外的声音，这在生意场和工作中也大有用处。

开始负责不太顺利的业务时，不要焦急地指出存在的问题并训斥他人，应该先静静地观察现状。有时那些乍一看似乎不合理的作业之中也有它的道理，所以一定要认真倾听、认真观察事情的来龙去脉。接下来，只在必要的地方做最小限度的改变，之后只需要在背后默默守护和支持业务，使其自然恢复即可。要认真倾听"工作"本身所"说"的话。

还有，如果你负责的业务会出现各种各样的麻烦和问题，很有可能是在其他地方存在一些根本性的问题。要认真理解那些并未用语言表达的事件的意义。

这种方法在预测时代及社会走向时也很有用。认真倾听社会发出的声音，理解并思考那些语言之外的事物的意义。我会在本书的最后介绍这种方法。

第 3 章

掌握 12 条要点，不被可疑信息欺骗

——信息的分析

3.1 信息的分析

信息重质不重量

信息重要的是质量而非数量。也许你觉得这理所应当，一条贵重的信息确实要比一百条不确定的信息更加珍贵。而从众多信息中选出这条珍贵信息的分析过程也十分重要。

换言之，无论收集了多少信息，如果没有能力分析并从中选出正确的信息，就没有任何价值。如果具备优秀的分析能力，少量的信息也能带来大的成果。现在大家常说到大数据，这意味着在现代我们能够获得大量的数据，只是利用大数据取得成果的关键在于如何分析这些数据。正因如此，"数据分析师"这个职业才会受到瞩目。

在分析信息时，同样要遵循押中重点的基本技能，即以下3点：（1）以从公开信息中获取的客观事实为基础。（2）对其进行历史性、系统性的理解。（3）将细微的信息作为提示。要将这3点牢记于心，再依靠教养做出判断。

Intelligence（谍报活动）的 4 个基本

谍报活动及国际形势判断专家在说明信息分析的重要基础时，列出了以下 4 点：（1）客观性，（2）灵活性，（3）专业性，（4）历史视角。

首先，在客观性这一点上，需要我们在分析信息时严格遵循**排除主观价值观**这一要求。

我会在下一节做详细说明。我们不能因期望性的观测和固有价值观影响对信息的分析，而应该客观正面地观察和分析信息。

在工作中，不能总是用"事情是否合理"或"这件事不是好事"这种正义论来思考问题。如果思考过度，就会对形势分析造成影响，导致周围出现破绽。

美国正是在经历了南北战争的惨烈，深切感受到过度正义论的危险性后，才形成了美国的传统思想 Pragmatism（实用主义）（《民主主义的建设方法》，宇野重规著）。虽然正义论也很重要，但在工作中，尤其要考虑"实用才是真"。不要过多顾及正义论，要从是否能派上用场这一实用性的观点来处理信息。如果因为信息不够正义所以避而不顾，会导致形势判断出现错误。无论面对何事，都要从正面进行观察判断。

其次，留心不要混入自己的人生观。例如，有些喜欢欧美著名企业的经营者会说"互联网商务是投机事业"。一旦这样说了，就说明对方已经形成了思维定式。我们没必要去反驳，也只能将其当作无用的信息忽略。

同时，还要留意不要被过去成功或失败的经验过度影响。比如"你的提案和公司史上的污点案件 X 如出一辙""因为是本公司创业起家做的业务，肯定很好"，等等。如果现在的外部环境和当初成功或失败时的环境不同，结果自然也不同。不能因为和过去的经验类似，就先入为主地心怀厌恶或加以称赞。

第 2 点的灵活性，是要求我们不拘泥于过去自己做出的预测。状况有了变化，吸收到新的信息，就应该灵活调整自己的预测。

战略论巨匠基辛格经常对他的弟子说"Never say never"，意思是"决不要说不可能"，也有人说是"前方半步无人知"。

固定不变的认知偏离了 Intelligence 的基本要求。前文提到的那些总是说日元汇率降低的人，总是说某项事业会衰退的人，缺乏的正是灵活性。那些能适时预测上升和走低两种形势的人，才是具有灵活性的信息源。

第 3 点的专业性，指的是要尊重各个地区、军事和经济等领域专家的意见。放在我们日常工作的层面，指的是要事先留意在各个不同领域中值得信赖的专家。到了关键时刻，我们就能马上确认那位专家的意见。

与此同时，我们自己也要拥有某种专业性。有了擅长的领域，就会有各种人与你联络、向你咨询，你也能收集到很多信息。与其在派对上四处给人发名片，不如**多多磨砺自己，提高自己的专业性，这样才能建立更有价值的人脉。**

第 4 点是历史视角。这是处理信息时最重要的一点，也是预测将来时必须把握的一点。

如果要赴国外工作，我建议你在定下来的当天立刻奔向书店，购买有关赴任国家的历史书籍。在与初次见面的外国人碰面时，请一定事先读一读对方国家的历史（哪怕只是看网络百科）。

如果要负责一项新的工作，应该先查阅这个工作领域的历史。虽然看起来像在绕远路，但却能让你更快地理解你的工作。如果负责一个自己不了解的业务或商品，先去调查它们的历史才是真正的捷径。

如果要调动到其他部门，可以事先打听这一组织的过去及其历史变迁。尤其是日本的公司，近 20 年来它们经历了多次组织改组。在改组过程中，会发现有很多略显不可思议的风俗习惯和文化根植其中。

说得普通一点，**不论是什么信息，如果不看它在事件的来龙去脉中处于什么位置，就无法正确理解它的意义。**这是在处理信息时如何强调都不为过的重点。

还必须加上一点，就是"拥有足够的见识，不被疑似性的历史观蛊惑"的重要性。例如，"日本是单一民族国家，也是农耕民族国家，所以没有独创性"。我们不能被这种毫无根据而且结论错误的疑似历史观蛊惑。现今有种田经历的日本人才是少数，而且日本不断创造出随身听、卡拉 OK、电视游戏和混合动力车等独特的商品，国外也公认日本的文化具有高度独创性。

如前文所示，分析信息的方法和第 1 章中提到的预测未来问题的基本技术几乎完全相同。这是因为处理信息的基础要点扎根于信息的本质中，具有一致性也是理所应当的。

下一节"不被可疑信息欺骗的 12 条要点"中，会具体描述一些我们在参加工作后经常遇到的情况。其背景理论是第 1 章提到的"战略论"和"对不同文化的理解"，还有曾获诺贝尔经济学奖的丹尼尔·卡尼曼等人解说的"认知偏差"论。在此，处理信息的基本仍然是教养。

3.2 不要失去客观性

从本节开始，我会用"不被可疑信息欺骗的 12 条要点"这一形式，以具体事例汇总说明分析信息时的忌讳之处。

客观性是分析信息的基础，我们不能被违反客观性的信息欺骗。

话虽如此，但不可能所有的信息都是完全客观的，肯定有主观因素掺杂其中。我们要先尽可能排除信息中的主观性，再尽量正确把握信息处理人的主观意识究竟给信息造成了多大的偏差。

报社会在意其收入来源即赞助商的看法，获取广告收入的网络媒体会在意点击量。政府、官方机构往往会给出有利于实现即将推行的政策的信息。公司的董事长可能会在意公司的股价，而公司职员会在意上司的评价。

分析信息时，必须认真判断会对客观性造成阻碍的因素。

第1条：排除带有希望性的观测

分析信息时，最先应该注意的是"排除带有希望性的观测"。追梦的路上对事物抱有希望是维持动力的重要一点，但在判断状况时，不能把这种希望转变为预测，做出带有希望性的观测。在生意场上，如果抱持"己方的优势会一直持续"这种带有希望性的想法，很快就会沦为失败者。

"用你的营业能力让客户接受高售价，我们部门就能达成这个季度的销售目标，大家的奖金也就有保障了。"诸如此类的判断都属于带有希望性的判断。普通公司职员很容易因公司内部情况，而不是客观状况做出"带有希望性的观测"。依据公司的内部计划，推测那些客观来看并没有竞争力的商品会有很好的销路，这是错误的做法。至少在这种情况下，请不要冒险搭上自己的奖金。

太平洋战争时，日军的作战中有很多有关"希望性观测"的失败案例。商业中，项目失败的重要原因也大抵如此。

第2条：避免"信息政治化"

原本我们应该先收集信息，分析信息，再以此为基础制定作战方法。但如果已经有了预备推行的作战方法，再以这个方法为基础去收集信息，我们会称其为"信息政治化"。

"信息政治化"的典型事例，就是美国情报机构称伊拉克拥有大量破坏性武器。正是政治性思想影响了信息的分析。

　　而我们这些普通的公司职员，也无法说信息政治化与我们无关。"总经理在新年致辞的时候说了，今年日本经济形势走高，我们要积极投资这件商品。"你是否听到过这样的话呢？如果将总经理对日本经济大局的判断与个别商品的销售情况预测结合在一起，肯定会遭遇失败。

　　如果有新闻报道，从对经营者的问卷调查结果来看，日元贬值、金融政策放宽有利于刺激经济发展，那么负债的出口型企业就会说日元贬值、金融政策放宽是好的。同时，这些企业赞助的报社也会如此报道。但客观来看，现在日本对出口的依赖度只有 14.5%，而中国是 23.7%，德国是 40%，美国是 9.3%（2014 年 12 月数据）。能看出日本是出口依赖度比较低的国家，我们必须留心这个事实。

第 3 条：不要被光环效应蒙蔽

　　这里的"光环"指的是"佛光普照"的光，光环效应意为因某事物看起来闪闪发光，于是不仔细看就断定其很伟大。例如认为那些相貌出众、声音动听的政治家提出的政策必然是正确的。

　　有一个心理学的传统实验，会问下面两个人你喜欢谁。

　　一郎：聪明、勤勉、耿直、有批判性、顽固、嫉妒心重

　　太郎：嫉妒心重、顽固、有批判性、耿直、勤勉、聪明

两者的内容完全相同，只是顺序不同，但喜欢一郎的人更多。

在工作中，应该慎重参考政府经济部门给出的针对个别领域的市场增长率数据。政府机关在统计过去的数据时，会负责任地给出正确的数据。但在预测未来形势时，因无从考证，于是会迎合政策目的，提出"某某产业今后将有很大发展空间"的观点。因为他们有一个光环，即过去统计的数据都是正确的，所以大众也会相信其对未来的预测是正确的。我们必须参考比对其他的信息源，对信息的光环效应进行修正。

3.3 作为信息接收方，你自己也要花些功夫

收集了高质量的信息，但如果理解错误，那一切都是白费。如果你收集了一些有偏差的信息，只要自己能巧妙修正，这些信息也会变成珍贵的信息。可以说，信息的好坏取决于接收方处理信息的功夫是否到家。

像第 2 章提到的，将绝对错误的天气预报和职场上直觉欠佳的人作为信息源并巧妙利用，也是很重要的。

被称为天才数据分析师的纳特·西尔弗（Nate Silver）因押中 2012 年美国总统大选的结果而一举成名。他的做法是追溯各选区的参选人在过去几年的不同时期举行的民意调查，找出每次调查结果的修正系数，然后将民意调查结果与修正系数相乘得到统计数据，从而对结果进行预测 [《信号与噪声》（*The Signal and the Noise*），纳特·西尔弗著]。正因为他是天才，才想出了这种修正办法。

与其抱怨没有获得优质的信息，不如磨炼自己修正已收集的信息的技术，这更有实际意义。

第 4 条：不要陷入僵化的狭隘视野

即便你坐在小舟的边缘，如果从广阔的小河看过去，你还是在正中间。"在小河的正中心，却在小舟的边缘"，这一信息是正确的。但如果反过来，"在小舟的正中心，在小河的边缘"，就是错误的。

视野狭隘，尤其是"对新事物心怀厌恶"，是错误理解信息的根本原因。

"你的提案脱离了业界常识，所以不行"——这种态度是不可取的。即便脱离了业界常识，如果用更广阔的视野来看，是符合世间常识的，那它就是正确的。现今世界，那些"在业界是常识，在世间却非常识""在公司内部是常识，在世间却非常识"的事情必会招致毁灭。它们很快就会演变成社会问题，公司也有可能因此毁于一旦。因为无论是业界还是自己的公司，都是世间的一部分。

"遇到难处，就用单纯易懂的思维方式解决"的思想也是不可取的。如果将一家公司业绩下滑的原因单纯地归结于日元升值或人口减少，那么在制定对策时就会出错。如果像从前的时代剧或漫画一样，只把人分为敌人和朋友，善人和恶人，就会对复杂的现实情况做出错误的判断。英国和美国有这样的处事教训：如果无法忍受令人迷惑的现状，轻易给出一个答案，就是接近毁灭的征兆（《读取信息的技术》，中西辉政著）。我们必须时刻保持灵活的思维，反复从各个角度去看待同一事物，如果不这样做，就会做出错误的判断。

第 5 条：对自己的性格有清晰的自我认知

自己的性格不会改变，性格的优点和缺点相辅相成，很多时候也没有必要去改变。只要清晰地知道自己在接收信息时会有怎样的倾向，在每次接收信息后对其加以修正即可。

有的人不愿服输的意识很强，看到身边有人事业有成，就肤浅地认为"只是走运""事业结构太单一""反正是因为……"，这会导致他们漏掉那些能成为"成功的钥匙"的关键信息。反过来，过度谦虚，即对自己的评价过低也会带来麻烦，只定下肯定能完成的目标的人是无法成长的。对于不发展就会倒下的组织和社会来说，这种态度反而是有害的。

为明哲保身而过度批判或盲目肯定某个信息都是不可取的。我们需时时严格自问是否坦率地直面并处理了信息，否则就容易陷入这种情况。

因为我有偏爱新事物的倾向，不经意间会过度肯定那些新奇有趣、会激发人好奇心的事物，所以我自己也十分注意。

第 6 条：先修正偏差，再理解信息

修正各信息源固有的偏差，之后再理解吸收也很重要。

1970 年前后，中国报纸报道了一则夸赞人民公社食堂的新

闻，说"这里的人民公社食堂每天都提供不同的菜品"。香港人看到这条新闻后，理解为除了这一间食堂之外，中国内地的人民公社每天都提供同样的菜品。针对那些被施加了信息管制的信息源，像这样解读出其背后的含义才更有意义。

和上面一个例子有些相似，如果写出"××肯定如此，不接受反驳议论""没有议论的余地"，就可以反过来认为这个论点的依据薄弱，仔细调查会有更大的收获。用化妆来比喻这种情况，就是为了遮掩瑕疵化了很浓的妆，反而使瑕疵看起来更明显。

有些上司总是斥责那些欠缺语言表达能力的部下，这是不可取的。有很多人在某个领域的能力很强，却欠缺语言表达能力，我们不能对这种类型的人说"我听不懂你的说明"，再像机关枪一样不停地提问使其沉默。我们应该使他们保持好心情，引导他们用自己的表达方式说出大量的信息，将这些信息加以修正并灵活运用。

3.4　不要被过于完美的信息欺骗

如果你认为"现实是有逻辑的"，那么很遗憾，你的观念是错误的。其实应该反过来——**"逻辑必须具有现实性"**。

现实具有无限的多样性，时时刻刻都在变化，且充满矛盾和反设，本就不具备逻辑性。好的逻辑指的是贴合现实，理解逻辑无法说明所有事实这一前提，并在此基础上尽可能多地、概括性地解释现实。尤其是解释的内容不是物，而是人类社会的现实时，对于那些宣称对所有现实都做出了清晰且有逻辑的说明的信息，我们都可以判断它是不可靠的。

如果信息中出现了很多难懂的语言、详细的数字和难解的公式，我们首先要从大局出发，观察其结论是否脱离了常识。那些过于优美的说明之所以显得优美，是因为有人在表达它时舍弃了有所矛盾的重要事件和现象。

在工作和商务场合也是如此。如果工作或生意进入停滞阶段，当事人的行为却毫无变化，也不是因为发生了预料之外的事态或状况恶化，就不要相信那些看起来黑白分明的信息。

第 7 条：要留心那些过于优美的谎言

在对方分析市场结构、说明成功案例时，如果其内容过于具有逻辑性且清晰明了，就该留心其真伪。

19 世纪 60 年代，本田成功进入美国摩托车市场。美国咨询公司在初期分析其成功原因时认为，本田是通过进行市场调查，选定中产阶级为客户群后投入资本，利用自动化生产方式制造并销售小型自动摩托车，从而取得了成功。

但之后有研究者对上述过于优美的说明心怀疑问，便再次展开调查。调查后发现，实际情况是本田在暗中摸索美国市场的过程中不断受挫，因一次偶然机会战战兢兢地出售小型摩托车，出乎意料地卖出了好业绩。

过于优美的视觉性宣讲也很可疑。如果想让大家接受的商品、服务、概念本来就很优秀，就不会在视觉效果上下那么大的功夫，而是尽可能准确地将其本身展示给大家。如果看到那些过于优美，与其参加商业竞争不如参加美术竞争的视觉性宣讲，建议你认真检验其是否属实。

第 8 条：根基杂乱无章，细枝末节却很缜密 —— 缺乏平衡的逻辑十分危险

逻辑的根基正确可靠，细枝末节却有一定误差。满足这个前提，具有平衡性的逻辑值得信赖。如果逻辑的根基敷衍暧昧，

细枝末节却过度缜密，那么这种不平衡的逻辑就十分危险。

次级贷款就是不平衡逻辑的典型。它用复杂的数学方法详细计算还贷滞后的概率，却没有明确说明如果大家都拖着不还，贷款就无法还清这一最重要的道理。

那些自称有利于美容的食品说明也存在这种情况。它们会用视觉展示的方法进行详细的介绍，告诉我们好看的肌肤中富含此种食品中的某一成分，并科学地解释这些成分如何使皮肤变得光滑有弹性，却省略了这种成分因分子过大，无法通过肠壁被人体吸收这一关键信息。食物分解后某种成分会通过肠壁被人体吸收，并在体内再次合成的逻辑原本就不成立。正所谓"秃子就算吃了头发，也治不好秃头"（池谷裕二）。

第 9 条：不要被"少数法则"迷惑

丹尼尔·卡尼曼将相信从少量样本得出的结果这一错误称为"少数法则"，以提醒大家不要犯错。因某个股票分析师连续 3 次说中了股市的走向，就相信他下次也能说中，从统计学的角度来看是十分危险的。

我们经常看到的电视节目收视率排行榜也没有多大的意义。因为数据统计时使用的调查样本数量很少，会有近 2%~3% 的误差。因此，收视率 20.6% 的节目和收视率 21.4% 的节目的好坏，从统计学角度来看并没有意义。

"在价值 3,000 亿日元的市场，我司不可能连 1% 的份额都拿不到"，单凭这种理由就制订 30 亿日元的销售额计划是十分危险的。按照这种逻辑，所有乡下的小蔬菜店都能贡献出 30 亿日元的销售额了。这种在一位数以下的百分数也是有误差的，很难作为有效的参考。

同样，占据市场份额不到 40% 的公司不能把日本人口每年都会减少 0.1% 作为销售额没有增长的理由。如果努力做好业务，应该可以确保销售额有 0.1% 以上的增长。只有占据压倒性市场份额的公司、日本银行的总裁，或是掌管整个日本经济政策的负责人，才能把人口减少作为经济结果不尽如人意的理由。

3.5 不要被莫名的预言迷惑

"这结果和我当初预言的一样""看吧，和我当时说的一样"。无论在媒体、公司还是居酒屋，经常能听到这样的话。其中大部分都属于典型的诡辩。

自己曾做出类似预言并说中了，便说对将来的见解也会是正确的。这种情况十分多见，所以我们不能被迷惑。必须看穿那些莫名的预言，理解其本质是欺骗，不要将其算入有效的信息处理结果中。

还要留心下面这3种情况，即多个预言、多个结果和暧昧的预言。

第10条：多个预言

事先做出多个预言，等有了结果之后，回头挑出其中说中的预言，说自己说中了，这样一来自然不会有错。

例如，在 × 月 1 日预言"× 月 3 日是晴天"，× 月 2 日再预言"× 月 3 日要下雨"，那无论 3 日是晴天还是下雨，都可以说你"说中了"。

再例如，有人在半年前预言"那个生意不会顺利"，在3个月前预言"那个生意会成功"，那么现在无论结果是哪一种，都可以说"看吧，和我当时说的一样"。这种事例在世间比比皆是。

有时我们会在律师的发言中听到"我们做了法务上的措施，应该没有问题，但也有可能被质疑违法"。这一类的发言也做出了多个预言，加上一重保险以防没有说中。这类人的意见是派不上用场的。

第11条：多个结果

对可能出现多个结果的事件来说，只要预测到其中一种结果，就能说猜中了多个结果中的一个。

"未来肯定会下雨"这个预言肯定会成为现实。因为在近几周，肯定会有下雨的一天。同样，高考在全国有很多考点，如果预言"考试时某处会出现问题"，也基本能猜中。

持续几年不停说"日元会贬值"的经济评论家也会声称自己"猜中了"，这样的例子也是有的。如果你10年来一直都这么说，总会遇上正好贬值的一年。在实际情况下，如果不知道什么时候会贬值，这个信息就很难派上用场。

有人会说，"××事业部的业务总有一天会变得不景气"。只要一项业务存在生命周期，这样的预测就会变成现实。如果遇到有人这样说，你可以告诉他，说这种说法和预测总有一天会下雨的天气预报是一个性质。

第 12 条：暧昧的预言

如果预言本身就具有多重意义且暧昧不明，预言人就更容易狡辩说自己猜中了。

诺查丹玛斯曾说"会有恐怖的大王从天空降临"，但无论是外星人侵袭还是发生核战争，抑或是天降酸雨，因天气异常下了冰雹，都可以说他预测对了。

"所有事物都会网络化"，这是一个混杂着暧昧的内容和第 11 条提到的多个结果的预言。究竟什么状态才是"网络化"？这个概念暧昧不明，而且也没有清楚地提到多少年后能实现，且会实现到什么程度。所以，这个预言既没有用处，也不能算在预测成功的实际成果中。

分析信息时，请参考以上不被可疑信息迷惑的 12 条经验。每次遇到可疑信息时，都要认真判断自己和自己所属的组织更容易被哪种类型的情况迷惑，从而加以防备。在此过程中，如果你找到了没有列举出来的可疑信息的类型，那么它一定会成为你今后人生中宝贵的智慧。

第 4 章

写出性感的企划书

——信息的表达

4.1　明确发出信息的目的

作为手段的信息和用以消费的信息

表达并发出信息时，必须明确发出这一信息的目的，尤其要意识到自己发出的信息究竟应满足信息接收人怎样的需求。否则花了时间和功夫，发出的都是些不知所云的信息。

信息的发出可按其目的分为两类。一类是用作手段的信息，另一类是用以消费的信息。以消费为目的的信息，类似于音乐、文学、电影等，能通过鉴赏这些信息增加民众的直接满足度；以手段为目的的信息被称为生产性信息，能够提高经济活动的生产性，降低其风险和不确定性，可以在做出决策时灵活应用（《信息经济》，篠崎彰彦著）。

信息接收人虽然无法从作为手段的信息本身获得任何满足感，但通过阅读这类信息，能达成其他的目的，满足其他的欲望，从而获得幸福。报告书、企划书等工作中发出的大多数信息，都是作为手段的信息。

我们不能弄错这两类信息的处理方法。明明是工作报告书，却写得像私人博客或社交软件中出现的内容，那么就算你写得再好，感动了读者，也是不合格的报告书。同样，明明是在博客及社交网络上以私人娱乐为目的发出的消费性信息，批判它太过冗长，不能满足手段性信息的要求，也是不合理的。

在大学时代，我曾指出一位活动家犯的错误。在那个时代，那位活动家手拿麦克风，对早晨上学的学生发表批判学校和日本政府的演说。有一天我受参与同样活动的朋友所托，参加了这些活动家的会议。会议最后他们问我有什么感想，我做了如下回答：

"你们每天早晨的演说太冗长，无法在大家经过你们身边时全都说完。如此一来，那些愿意听你们的主张的人完全记不住你们说了什么。不如修改一下演说稿，在学生经过演说者面前的 30 秒内表达一个完整的主题。如果您说，知道学生们没有在听，但想说的东西太多，冗长也无可奈何，那么你们活动的目的就不是让世界变得更好，而是说自己想说的话来实现自我满足。这就和洗澡时哼歌没有区别。"

所有参加者都震惊了。但我只是想帮助我的朋友，才发自内心地提出了这个建议，所以我笑眯眯地离开了他们的会场。

这位活动家原本的目的是博得众人的同感和赞成，从而改变世界。他的演讲是作为手段发出的信息，但在演说变成习惯的过程中，信息发出人直接从中获得了满足感，变成了发出

"以消费为目的的信息"。

明确信息是从谁发出，又是发给谁的

发出信息时要明确信息的发出人和接收人，必须留意这一点。很多情况下，了解商务文书的发信人和收件人、抄送人（CC）分别是谁，要比文书的内容本身更有意义。

还要时刻留心、尽全力照顾信息接收人的心情，满足他们的需求。正如之前在处理信息的基本中提到的，要从公开信息、系统性的理解和微小的事实信息中揣摩接收人的心情与需求。

还有一点，信息发出人能通过发出信息获得满足感，因此要注意不要像刚才提到的活动家一样，忘记信息接收人的心情，把信息发出人的自我满足作为目的。

在分析信息的部分我也提到过，有人有时会把充满矛盾和多样性的现实强行写成优美的"逻辑性"报告，还自豪地称自己将复杂的事务内容全都写进了一张表格内。然而做出来的资料却因为字太小，导致年纪大的干部完全看不清楚。

这种失败案例的发生，正是因为优先考虑了信息发出人的自我满足感，而不是信息接收人的心情。

攻击型信息和保守型信息的发出方法是不同的

工作中发出的作为手段的信息也分两种，**一种是攻击型信息，另一种是保守型信息**。而这两种信息的发出方法是完全相反的。

攻击型信息指的是企划书、提案书一类的信息。目的是向客户推销产品，或推进自己所属组织对新企划案的理解。在发出这类信息时，需要锁定优势，集中加以说明。之所以要这样做，是因为如果对每个要点都做说明，焦点内容就会模糊不清。同时，心中要对信息接收人有大致的概念，为了让他们对信息感兴趣，可以加入一些有趣的内容。

保守型信息指的是获取公司内部许可的文书或者决算等对现状的报告。在发出这类信息时，要提到那些可能会受到批判和质疑的各种论点，放弃修饰它略显枯燥的内容，尽可能少地提及缺点。所谓的"政府文书"就是此类信息的典型。

必须根据情况的不同分别使用这两种不同的信息。有很多人擅长写面向公司内部的报告书，却完全写不好面向公司外部的用于销售的展示资料。其原因在于没有弄清这两种信息的发出目的，没有转换为相应的模式。

4.2　强大的企划书

贴近信息接收人的心情

如果在发出信息时不去揣摩信息接收人心中所想，就很难将信息传达出去。如同处理信息的基本一样，需要从公开信息、对信息系统性的理解和微小的事实信息出发，把握信息接收人真正想要的东西的核心所在，这非常重要。如果不在此基础上发出信息，对方就无法理解，也无法达到发出信息的目的。

信息接收人在得到一条新信息时，会把它放在自己头脑体系的某个位置中去理解。因此，发出信息的一方需要理解信息接收人的头脑体系的状况，并简洁易懂地说明自己发出的信息可以放在体系中的什么位置。如果不这样做，对方就完全听不进去，也不会理解。

消费性信息好比艺术，在发出这类信息时，如果你自己能从中得到极致的自我满足，偶尔也会让信息接收人为之感动。但在工作中，发出作为手段的信息时，必须留心接收人的心理，贴近接收人的心情。

在古代中国，对各国君主宣传自己主张的说客曾说过这样一句话："在知所说之心，可以吾说当之。"（《韩非子·说难第十二》）如果不这样做，就算你说得再热情，君主都不会真正听进去。

我有一个朋友在广告代理公司工作，他紧抓客户心理，做成了一项大型宣传企划案，还得到了总裁的表彰。因客户公司的总裁是一个志向非常高远的人，而我的朋友完全掌握了他高远志向的出发点，也就是志向的原点，因此获得了成功。理解了这些，他自然明白应该提出怎样的宣传方案，如何展示说明这个方案，对方总裁才会点头同意。

在写企划案之前，要做的准备工作是明确掌握对方想要什么，并得到对方情感上的共鸣和信赖，做到了这一点，就等于在战斗开始之前取得了胜利。如果你已经赢得了对方的共鸣，甚至到达无须多言双方便能理解的程度，那写企划案时就可以省略或缩短本将提到的想要赢得对方"情感共鸣"部分的内容。

一份强大企划书的构成要素

我们来确认一下，在发出企划书和提案等攻击型信息时，能给人留下深刻印象的"强大的企划书"都有哪些主要构成要素。强大的企划书由博得信息接收人"情感共鸣"的部分，提出"问题"并"解决"这一问题的部分，即共鸣、问题、解决这 3 个部分构成。

一个故事的构成方式，自古就有"起承转合"和"序破急"两种说法。其中"序破急"是世阿弥在解说能剧①的心得及技艺理论的著作《风姿花传》中提倡的说法，在能乐、茶道等艺术领域备受重视。

我所提到的"共鸣"部分，相当于起承转合的"起"和"承"以及序破急的"序"。而提出"问题"，相当于起承转合的"转"以及序破急的"破"。最后的"解决方法"则相当于"合"和"急"。

举个例子，当初我刚到东京，出于好奇去体验了一下高额英语对话教材的面对面销售，当时我拿到的资料结构是这样的：

① 公司介绍：我们不是坏人，请您放心→共鸣

② 英语的必要性：在全球化社会，学英语越来越有必要→问题

③ 教材的说明：效果非常棒→解决

这种共鸣、问题、解决的构成要素在电视广告和其他促销活动中几乎是相同的。虽然当时我没有购买，但那位热情的销售员为说服客户所运用的资料结构让我受益匪浅，所以我向他表达了谢意。

---

① 能剧，日本的一种传统戏剧。——编者注

但有一点需要注意，最近信息的发出并非都遵循起承转合这一顺序。现代社会中任何事的发展都非常急促，传达信息的时间变短，没有太多时间逐渐培养"起""承"和共鸣。

因此，他们会在一开始展示问题和解决方法，之后再做补充性说明，来获得对方的共鸣。而且他们大多通过起用有名的艺人在短时间内赢得大众的共鸣。电视广告策划人高崎卓马甚至说，"有时起承转合会戏剧性地让一个故事变得索然无味。"（《表达的技术》）

在传达信息时，顺序可能会变，但包含共鸣、问题、解决的 3 项构成要素肯定不会改变。

何谓有力信息的发出 ——5 个要点

在发出攻击型信息时，如何表达才能给接收人留下深刻印象呢？下面我将分 5 个要点来为大家说明。

① 焦点清晰

首先需要筛选出信息的焦点。在发出攻击型信息时，我们的目的是说服原本安静等待的信息接收人，让他们愿意为我们花费时间和金钱。这是非常重要的事，如果不能将能量汇集在一处发出诉求，就无法打动接收人的心。

因此，一份强大的企划书需要筛选并强调想要展示的要点，给接收人留下深刻的印象。想表达的内容太多，优点和长处就会显得很模糊，很难将其传达给接收人。

尤其是在开展新业务或与风险投资行业相关的情况下，当别人问"你是做什么的？"的时候，最好能用"我们是做××的"来回答。举个例子，谷歌公司就可以回答"我们是做搜索的"。而且谷歌在他们简洁的主页上也强烈地向用户表达他们是做搜索的公司。

② **简洁**

表达越是简洁，传递给接收人的能量就越强。要用简短的句子来概括最想表现的要点。要想在等电梯的短时间内用"电梯广告"向对方说明，就必须用一句话来概括企划的整体概念。这样既能再次明确概念，也能在写企划书的时候派上用场。

③ **直接**

不绕弯子，直接将信息接收人真心关注的要点表达出来。在游戏软件的用户界面中，会把用户经常使用的指令放在菜单目录靠前的位置，电脑软件也有快捷方式供用户使用。我们可以参考这类用户界面设计的思路来传达信息。

根据时间线或头脑中的逻辑构成对事物进行说明，方便的是信息发出人自己。我们应该将信息接收人关注的要点放在最优先的位置，再依序进行说明，否则对方就不会听进去。

④ **边界明确**

建议大家用直截了当且边界明确的语言表达方式，关注自己提供的商品或概念与同类产品或概念的区别，并做出说明，让接收人能明确看到这些区别。

在有关不同文化的理解的一节中提过，应该谨慎观察，分辨出两者的相同点和不同点，在此基础上寻找能给人留下深刻印象的话语。如果笼统地说"参与这个企划您就会幸福"，根本无法起到宣传的作用。

报社记者将在报道的结尾用"其走向值得关注"这句套话结束文章的方式略称为"走向关注"，在培训时会教育新人尽量不要这样做。据日本银行调查，使用"等等""之类的"这种模糊分类界限的词语也是不可取的。以上这两种表达方式都会模糊事物的边界。

⑤ **正确**

如果信息不正确，就无法得到信息接收人的信任。哪怕在企划的要点中只有一处错误，接收人都会开始怀疑整个企划是否值得信赖。还要注意，不要因为想把内容表达得更礼貌易懂，而使内容本身变得模糊且不够正确。做不到的事，就不要委婉又模糊地表达，而应明确地说出"我们做不到"。我们应该注意使用礼貌且清晰明确的语言表达方式。

不够水准的信息发出方法

那些发出的不够水准的信息中，不会包含焦点清晰、简洁、直接、边界明确、正确等 5 个特点，这正是发出信息时的忌讳之处。我把发出这种不够水准的信息的典型例子称作"浦岛太郎的故事①一般的报告书"。

　　浦岛太郎的故事在外国的孩子们中间似乎不怎么受欢迎。因为既没有打倒敌人，又没有和公主结婚，也没有发人深省的教训。故事只是按照时间线说明他的奇遇，最后只留一个善良的老人在没有朋友和熟人的时代里孤独终老。

　　在工作中，我们应该提醒自己不要写出浦岛太郎故事一般的报告书。在出差报告中，如果写和谁见了面、说了什么话、参观了工厂之后觉得很厉害之类的内容，信息接收人会不知如何是好。工作报告和学生的小论文不同，目的不是向老师汇报自己学到了怎样的知识。

　　工作中的信息是手段性的信息，需要给信息接收人带来利益，促使其做出相应的行动和判断。当然，作为消费性质的信息，浦岛太郎这个故事中独特的无常观有着非常深远的意义。

---

① 日本童话故事。年轻人浦岛太郎在海边救了一只乌龟。为了报恩，乌龟邀请他到海底龙宫游玩。日子一天天过去，当他回到村子时，发现一切已经变得陌生。原来在龙宫游乐3年，人间已经度过了700年。为了寻回失去的时间，他打开了龙宫公主告诫他不能打开的宝盒，就在此时，浦岛太郎变成了白发苍苍的老人。——编者注

4.3 攻击型信息的发出 —— 性感的企划书

在发出攻击型信息时，我们应致力于写出能点燃信息接收人欲望之火的性感企划书。企划书的读者把阅读企划书作为一种手段，来满足自己的欲望（如事业欲或金钱欲），而不是从优美的文章中获得来自美的感动。

从这个角度来看，我们应该像写小说一样去写企划书。一位有名的政治家曾说过，"发表演说时应该用情色小说的语气"，这真是至理名言。

如此一来，读者就能扩大想象的空间，刺激自己的欲望。而信息接收人的脑海中也会浮现出想象中的画面或过去的记忆。很多色情小说都会用这样的方法：**将一句话写得很短，尽量不超过两行，不断叠加那些简单易懂的词语。**

用简洁易懂的语言使读者扩大想象空间

上文提到的既要简洁直接又要性感，也许会让人觉得矛盾。但是，现今的日本文学巨匠筒井康隆曾说："如果一部小说只是

不停描写男女充满色情的爱欲，读者就无法从中感受到一丝性感和魅力。"（《创作的精粹与戒律》）

简洁易懂的文字表达方式，才能令信息接收人兴奋起来。例如，故意不把计算结果写出来，而是让读者自己去做简单的计算，让他们认识到得出的数字大得惊人。换句话说，我们要用仿佛把手伸进读者的脑海中不停摸索的方法来表达我们想表达的东西。

有关数字的描写，虽然篇幅略长，但请允许我引用三岛由纪夫《文章读本》中的一段话。

> 有时，小说家会为了给自己小说中的事件和人物赋予真实性而使用数字。织田作之助在小说中，无论是金钱的数额、女人的人数、建筑物的高度、买东西的价格，都会用真实的数字去描写。这是现实主义的要求的体现。在这方面表现最为极端的是萨德侯爵，在其著作《索多玛120天》的结尾，因没有时间一一列举数字，于是作者提供了一张数字表。例如：
>
> "3月1日前被玩弄后虐杀的人数——10人
>
> 3月1日后被虐杀的人数——20人
>
> 活着回去的人数——16人
>
> 合计——46人"
>
> （《文章读本》，三岛由纪夫著）

确实，这里列举出的数字好像更容易令人丧失欲望，但它的作用是刺激读者想象其中的内容。在商界，带有¥（日元符号）的数字同样能使信息接收人兴奋起来。

就像三岛由纪夫举的例子一样，我们可以简单地把数字列举出来，让读者自己去想象背后的故事，从而写出性感的文章。本来以色情图像的形式得以普及的浮世绘，就是通过其简洁的线条描绘来激发鉴赏者的幻想，和上面提到的技巧是一样的。

何谓性感

这里的性感究竟指什么？请大家务必从性别差异理论中抓住性感的本质，在发出攻击型信息时为己所用。东京大学名誉教授上野千鹤子的成名作《性感女孩大研究》中，对各种被认为"很性感"的小动作和姿势做了研究。下面我将引用其中的一小段文字为大家说明。

> 有人曾向在恋爱中无往不胜的强者，比女人还有女人味儿的同性恋男子美轮明宏提问："请用一句话概括何谓性感魅力？"他给出了如下的经典答案："应该是让对方觉得只要他追求你就能得手吧。"
>
> （《性感女孩大研究》，上野千鹤子著）

刚才我引用了筒井康隆的文章，而他认为最具性感魅力的作家是宫泽贤治，并做出如下描述："贤治的作品《要求太多的餐馆》中，描写了两个知道自己会被吞噬的青年绅士因惧怕死亡而不断哭喊的画面，具有异常强烈的性感魅力。"

是的，其中的魅力蕴含在他们知晓自己会被吞噬的这一变化之中。

我认为，**性感魅力正是蕴含于变化之中**。认为只要追求就能得手，这种蛮横娇羞的魅力也与性感相关。

在生意场上，那些能在被难以推翻的限制条例保护得严严实实的业界打开一个缝隙的企划，能巧妙进入被垄断或被少数公司分据的市场并破坏现有既得权益的提案，等等，从商人的角度来看都是非常性感而具有吸引力的。

原因在于，商人们会幻想以往态度高傲、难以介入的市场突然向自己撒娇并变得十分开放的画面。从社会角度来看，这种事业欲是非常健康的。

另外一个会让人联想到性感的东西，就是"毒"。只要掺上一点会让世间一部分人怒发冲冠的话题，就能发出性感的信息。

曾经有家互联网投资公司邀请我以博主的身份检查他们的基础版网站。他们做得很好，内容也很有趣，但总是让人觉得少了些什么。之后被邀请的另一个博主巧妙指出了问题所在："这个网站给人的感觉是，一家大企业创立了子公司，开始做这项业务。有种优等生的感觉，所以没什么意思。"

这家风投企业的总裁听到这句话后的反应让人为之一振。

他说："原来如此,是因为没有辛辣狠毒的地方,确实要加一点进去。"之后,这家公司发出了让业界所有人都战栗并批判的信息,赢得了众人的瞩目,也获得了成功。

就像美丽的花儿有刺是一个道理,性感的信息也要有"辛辣狠毒"的内容。

4.4　一击必中的关键词句

寻找一击必中的关键词句

　　要想成功地发出攻击性信息，就要不停和信息接收人对话，并在此过程中摸索出能让对方动心的关键词句。在电子商务这种不会和对方实际见面的业务中，也要认真观察消费者的购买数量、咨询次数、网页访问量的变化等实际行为，把它们当作双向对话，寻找能打动信息接收人的词句。

　　日本麦当劳的创始人藤田田在年轻时，曾在领带销售的行业获得巨大的成功。他对那些把领带拿在手里犹豫要不要买的客人说，"您的品位真好"，从那之后领带就卖得飞快。藤田先生深入思考并分析顾客的心理，不断摸索推敲，最终找到了这样一句能够一击必中的关键词句。

　　在发出信息时，应该在观察信息接收人的反应的同时，不停做出各种尝试，在找到那句正确的关键句之后，事情就会非常顺利。

练习那些强有力的词句

即使你掌握了想要表达的事件的本质，也要在平常练习寻找那些强有力的词句，这样在真正需要发出信息的时候才会派上用场。

明明表达的是同一件事，那些强有力的词句会震撼人心，而那些虚弱无力的词句会令人听过就忘。有时，同样的一句话，有的人说出来会感觉很有力量，而其他人说出来就不会给人留下深刻印象。所以，我们需要在平时多加练习，思考究竟怎样的词句会打动对方的心，哪些词句由自己说出来会给人留下深刻的印象。

练习这些强有力的词语时，有一个简单的方法，就是看杂志广告的标题。在你有空的时候，多看看电车里的吊牌广告和报纸上刊登的杂志广告，学习遣词造句的方法。

周刊杂志的销量会因广告标题的不同而不同，所以那些堪称日语专家的出版社编辑会拼命琢磨怎样写标题。可以说这是一场思考一击必中的关键词句的竞赛。而且针对同一条丑闻，不同的周刊杂志会用不同的标题来写，我们还可以进行对比。哪一家的词句会给读者留下深刻印象？哪些词语适合自己使用？在这个过程中可以边想边看，从中学到很多东西。

我尤其喜欢翻阅并参考女性杂志的遣词方式。在日本，自清少纳言和紫式部起，或许是因为女性有着优秀的语感，既有委婉柔和的语言，也有果决干脆的强烈的语言，形式丰富多彩，所以会给人留下深刻的印象。而且最近的女性杂志很少有会让中年大叔浮想联翩的浪漫内容，大多都十分现实、清爽。

例如，"能赚钱的女人才强大！""又贵又好的东西，又便宜又好的东西"（*AneCan*，2014 年 7 月号）；"成熟女性会很满足！如何在'美好价格'上追求极致"（*Oggi*，2014 年 7 月号），等等，我们可以直接借鉴，用在商务展示资料中。

"办公室和街上的'小动作丑女'现代绘卷"（*Oggi*，2014 年 7 月号），如果一个大叔说了这一类的话，恐怕会被告上法庭，所以他们不敢用，但这一信息可以由女性传达给女性。

有一点需要注意，不能因为想给对方留下深刻的印象，就用太多新创的词语。应该运用能给人留下深刻印象的表达方法，使用常用的词语，这才是基本。对于作为手段发出的信息，切忌用过于晦涩的词语，也完全没有必要因词汇贫乏而感到羞耻。

1988 年日产出售新车日产风度时，当时首屈一指的畅销广告文案撰稿人糸井重里充满自信地写出了"吃饭睡觉玩耍"这句广告语。但看了制作完成后的电视广告，还是井上阳水用他独特的声音说的那句"大家都过得好吗？"给人留下的印象更深刻。糸井因此备受打击。冷静思考就能发现，日常寒暄的话语几百年都不曾消失，正可谓"广告语中的广告语"，一个刚刚写出来的广告语肯定无法与之相提并论。（《在梦中相见吧》，村上春树、糸井重里合著）

我们应该以日常寒暄语为首，重视那些平常常用的词语，寻找一击必中的关键词。

根据对方关心的内容改变答案

我们需要根据信息接收人的不同改变一击必中的关键词句的写法。尤其在写接收人没有时间认真阅读的"电梯广告"时，需要按照对方的关心程度从高到低的顺序，直接集中地进行说明。

例如，如果要在还没有互联网生命保险的时候把它当作一个新事业来说明，就需要根据对象的不同，使用以下几种不同的说明方式。

· 对方是重视事业公益性的人

→可使扭曲发展的生命保险市场变得更加健全。

· 对方是对当下的流行事物和趋势较为敏感的人

→互联网损失保险、互联网证券、互联网银行和金融网络化都已得到推进，唯独生命保险还未能互联网化。

· 对方是重视销售额的人（营业系统的人会在意销售额和毛利的情况）

→生命保险市场 40 兆日元的 1% 就有 4,000 亿日元，这项事业拥有巨大的潜力。

· 对方是重视经费的人（经理、管理系统的人会在意

管理费和经费的情况）

　　→在公司大厅等地负责生命保险服务的大量工作人员将不复存在，能够大幅削减生命保险的成本，降低保险价格。

　　·对方是重视现金流的人（财务系统的人大多比较在意这一点）

　　→这是一项现金流入在先，现金流出在后的事业。

　　我在此书即将出版时，拜访了 LIFENET 生命保险的总裁兼 COO 岩濑先生，希望他能给我一些建议。当时他拿出自己写的书《集资 132 亿日元的商业计划》，告诉我这本书的标题起得不太好。我问他："这个标题充满梦想又很具体，不是很好吗？"他回答说，"世间并没有几个人想去集资 132 亿日元"，听了之后我十分叹服。

　　在风险投资行业白手起家，意图收集大笔资金的人确实有很多。但那些在书店试图寻找一本读起来比较有趣的书的人，绝大多数没有想去集资 132 亿日元。可以说这本书的标题没有充分考虑到信息接收人的心情。

4.5 保守型信息的发出

何谓保守型信息的发出

所谓保守型信息，就是当对方被我们发出的攻击型信息说服，到达马上就要成功的最后阶段时，我们发出的从各个角度接受对方的批判，回答对方疑问的信息。信息接收人已经对我们的话题有了兴趣，想在做决定之前从其他角度对疑问点做最终确认时，我们可以用这类信息回答，也可称之为用来最后加工的信息。

如果是向消费者出售商品，需要在消费者了解到商品的优点之后，回答消费者"价格是多少""不知有没有地方放"等从其他角度提出的问题。如果是公司的企划，相关人员需要在大家基本认可了企划的收益性和发展前景的阶段，对"是否有足够的人才实行这一计划""可能会受到业界的排挤吧"这一类从不同角度提出的问题做出回答。

在发出这类保守型信息时，需要能回答出从各种论点提出的广泛问题。面对这些问题要给出及格线以上，大约 70 分左右的回答。而在发出攻击型信息时，需要在经过严格筛选的 2~3 个优势中，获得 120 分的成绩。这两者有鲜明的对比。

在发出保守型信息时，需写出如润玉一般没有棱角，能让人顺畅阅读的文章。此时，攻击型信息中用到的一击必杀的关键词句或性感的表达方式都是禁忌。读起来会让人有点犯困的无聊文章没有问题。政府机关的文书就是保守型信息的典型例子。

实际上，大多信息中既包含攻击的部分也包含保守的部分。在吸引信息接收人注意力，促使他们将我方信息提上日程的阶段，需要以攻击型信息为中心；在等待对方最后决定的阶段，需要以保守型信息为中心。

但这里的保守型信息并不包括犯错后的道歉和防止再次犯错所采取的策略。在陷入这一类危机时，发出攻击型信息有时会更有效，即用强势的语言表达积极的改善对策。

不要过于拘泥逻辑的一致性

发出保守型信息的窍门在于，**不要使信息过于明确地具有逻辑一致性**。站在批判、审视立场的人不止一个，有时会有人从完全相反、自相矛盾的两个方向提出批判。想在保持逻辑一致性的同时，对两个反方向的问题给出满分的答案，这是不可能的。那些不负责提供替代方案的人对信息的各种批判原本就不具有一致的逻辑，因此，如果要同时回答这些批判，根本无法贯彻逻辑的一致性。**我们无法同时对相互矛盾的批判意见给出不矛盾的答案**。这在逻辑上是不可能的。

举个例子，假设你提出了一项新的商务企划，被人追问："这项企划是否具有社会意义？是否会因太过赚钱而遭受批判？"针对这个问题，如果解释说这项企划不会带来过多的利益，之后又会有其他人批判"企划的风险这么高，收益性好像有点低吧"，这时你又必须回答"我们肯定会赚钱的"。如果要严格追究，肯定会在某处自相矛盾，这是无可奈何的事。

究竟怎样做才能应对来自左右两方的批判？因过于害怕某一个批判而极端地表明自己的立场，说"我们绝对不会陷入批判中的情况"，这种对某一大领域提出明确反驳的方式是不可取的。

用拳击来比喻的话，就和害怕被右方打来的刺拳击中而向左方大幅度闪避，结果被对方识破，吃中对方从左方打来的强力直拳，导致一拳出局是一样的道理。窍门是尽可能不要向左方移动太多，刚刚够躲过右方的刺拳即可。仅受擦伤就能躲开攻击是最好的状态。

"您的批判有一部分是正确的，我们会用这样的方法想办法去处理"，用这种 70 分的回答来应对即可。

以前我在中国台湾工作时，曾带一位来台湾进行私人旅行的日本财务省公务员参观台北故宫博物院。博物院里有一份秦朝政府官员上呈给秦始皇的报告，这位公务员十分认真地读过之后佩服地说："政府官员的报告即使换个国家或回到两千年前，都完全不会变。写出来的内容即便会遭受各种批判，也能顺利脱身。"

加入魔芋信息

发出保守型信息时还有一个窍门，就是把一些没有意义的文章作为缓冲材料，添加在信息中。那些任何人都无法否定的理所当然的事实，不会让任何人的心情受到影响的话语，在某种程度上也是必要的。

早在50年前，日本国立民族学博物馆名誉教授梅棹忠夫就提出了信息产业论，并且提出了"魔芋信息论"这一独特的观点。魔芋虽然没有任何营养，但吃了它能尝到味道，也会有饱腹感，消化器官会因此工作，肠道也会因此蠕动。他说所谓信息活动，就和吃魔芋是一个道理。

从上述魔芋信息论中得到启示后，我把信息中那些没有重大意义的信息称为"魔芋信息"。它指的是那些无法作为手段在工作中派上用场，也不能像艺术一样供人消费，传达的都是理所当然的事情，几乎没有任何意义的信息。

比如日本人聚餐时，以"今天天气甚好"开头的冗长且毫无意义的寒暄；在定期股东大会上发布事业报告时，在开头说的"日本经济增长率仅为×，在如此严峻的经济环境下……"

这一类的话就是魔芋信息。报纸和电视中经常提到的"最近世界形势十分严峻，我们需要的是强有力的政治领导能力"，也是魔芋信息。同样的话从我能读懂报纸的孩童时代起到现在，已经说了40年，根本不是什么新的信息。

在现实社会中，加入适量魔芋信息能使事物更顺利地推进，这也是事实。如果在股东大会一开始就说"这一季度没有赚到钱，我们打算解雇董事长，降低分红金额"，恐怕会有点危险。我们有必要在一定程度上铺垫一些能让信息接收人认同和赞成的话。尤其在发出保守型信息时，作为缓解批判的缓冲材料，加入此类魔芋信息便更为妥当。

我曾听一位调配烟草的人说，全世界有几种虽然昂贵但香气宜人的烟叶，将其巧妙调配后可制成卷烟。但是在制作时，他们会为了增加烟叶数量，掺入一些并无太多香气的廉价烟叶。因为如果只用带有强烈香气的昂贵烟叶制作香烟，消费者未必会喜欢。适当加入一些无香气的烟叶，增加烟叶的整体数量后，消费者的评价反而会更高。他说这是制烟的难点。

和食物中的魔芋一样，适时地提供适量的魔芋信息会产生很好的效果，将其巧妙掺杂在信息中使用即可。

第 5 章

不在莫名争论中落败的 12 个要点

——信息的交换

5.1　进行有实际利益的辩论

不使用技巧才更具生产性

在开会或和上司商讨问题时，有时会就某个意见的正误展开辩论。我将列举一些在此类信息交换的场合希望大家注意的问题。

工作上的争论是一种手段，目的在于使已方做出正确的判断，而不是分出输赢。即便自己的发言被否定，如果公司能因此做出正确的判断，就可以说自己的发言也做出了足够的贡献。反过来，如果在会议上用语言巧妙赢过对方，使自己的意见被采纳，但这个判断最终带来了不好的结果，那么大家就会认为你没有做好自己的工作。

在日本进行政治选举时会举行党首讨论，目的是在讨论结束后的选民调查中获得更高的民众支持率。支持率上升的党派会取得胜利，并借此在选举中取胜。

但我们在工作中进行的信息交换和政治讨论不同，目的不

是分出胜负，而是让组织做出更加现实的判断。因此，**不使用
那些为在争论中取胜的技巧才更具生产性。**

但在实际社会中举行的会议仿佛在模仿电视里的评论家，
大家会争相说出激烈的批判、辛辣的讽刺。很多会议原本是一
场商业淘汰赛，却最终演变成发言竞争赛。

我们在日常工作中进行信息交换的目的不是分出输赢，而
是为做出正确的判断贡献新的信息、逻辑和选择。

不补充新的信息和理由，仅仅重复说明自己的想法是正确
的，就会陷入无意义的循环争论。这样一来，就无法发展为能
带来实际利益的争论，也就是说，不会演变成具有生产性的信
息交换。

强辩

要说不具有实际利益的争论，首当其冲的就是强辩。所谓
强辩，就是不提事情的根据，只是大声怒吼，不停主张自己的
想法，或是完全无视他人想法的行为。为了显示自己的立场更
优越，强调那些强大的组织或个人与自己有紧密的关系，在争
论中强迫对方赞同自己意见的行为也属于强辩的一种。

"哭闹的小孩和地头蛇都碰不得"，正如这句日本谚语所说，
没有完美对抗强辩的方法。因此下文介绍的"不在莫名争论中
落败的 12 个方法"中，没有列出应对强辩的方法。

话虽如此，如果听过两方的说法并做出判断的第三者的级

别足够高，就不会支持强辩的一方。所以，控制好自己的情绪，真切地说出自己的想法即可。

同时，就算通过强辩在争论中获胜，如果带着愤怒的情绪推进事物的发展，也很容易失败。中国古籍中有句话说"骄兵必败"（《汉书》），意思就是恃强轻敌的军队一定会失败。即便因对方的强辩在争论中落败，最终大多都能证明你的主张才是正确的。

也就是说，对方越是激动和情绪化，就越要冷静应对，增加己方的支持者。即便没有在当时的争论中获胜，从长远考虑，己方的支持者也会增加，所以理性行动才是上策。

不受到莫名争论的挫败

话虽如此，但在会议和商谈中遭受莫名的批判，无法巧妙反驳而败下阵来，这类不愉快的回忆应该也不在少数。即使你自己留心不会为了在言语上打败别人而争论，但如果对方这样做了，你就要纠正他这种错误。必须阻止整个组织被非生产性的争论所主导，以致做出一些错误的判断。

在面对会议和商讨等工作现场的争论时，如果能掌握说服对方的技术，就能更巧妙地应对，这会非常方便。

概括来说，除了刚才提到的强辩之外，还有辩论术和诡辩这两种方法。辩论术是为赢得辩论而使用的技术，诡辩指的是乍一看好像很有道理，其实是为了让他人接受自己的意见而用虚假的理论来表达自我。

西欧中世纪之后的教养，即素质教育共有 7 个科目，分别是语法学、修辞学、逻辑学、算术、几何、天文学和音乐。其中修辞学又分为辩论术和说服术。只要掌握了逻辑学，就能看破他人的诡辩。

也就是说，从希腊的亚里士多德起，如何在争论时用语言打败对方、不被他人打败，已经作为一种基础教养被研究了几千年。在这里我会参考辩论术和逻辑学的知识，说明这些在实际工作中可能出现的争论场景和应对方法。

我把它们总结为"不在莫名争论中落败的 12 个方法"。如果在会议上受到莫名的批判，请参考这 12 个方法，不要被对方打败。

5.2　不被他人的辩论技巧制伏

和对方实际对话，且由第三者决定胜负的辩论中，会出现很多以赢得争论为目标的方法。现代社会中，有很多人都无意识地在使用这些方法，其稳固程度可见一斑。

正因为如此，在争论时如果对方用了这些方法，你应该意识到这只是一种技巧，要向能做出正确决定的方向引导并修正辩论。

在实际的争论中，尤其需要我们具备即兴发挥的能力。有几种既定模式会非常实用，能够使我们在争论时立刻指出对方的问题。因此，请认真记住以下几种模式。

如果和你同一个团队的成员也读了这本书，当你们团队内部发生争论时，举个例子，你就能指出"这是用替身法（第3条中会有详细说明）偷换概念"，轻松使争论回到更具生产性的方向。

第 1 条：与其有逻辑地说明问题，不如赢得听众情感上的共鸣

有的人在听到别人劝他冷静之后，就会把话说得貌似很有道理。也有的人单纯地认为具有逻辑就具有了说服力。这些都是错误的认知和做法。

莎士比亚创作的《裘力斯·恺撒》中，勃鲁托斯做了一场演说，思路清晰地将暗杀恺撒的行为正当化，罗马市民也差一点被说服。但接下来进行演说的安东尼冷静地奉承了勃鲁托斯，没有讲一些道理，而是说了能获得市民共鸣的内容，创造了反对勃鲁托斯的舆论。这次追悼演说充分证明了有逻辑的演说并非就是好的。

在辩论术中，安东尼的这场"恺撒追悼演说"是一个范例。在现代日本，经常会看到有人在说完自己的想法后一脸得意，仿佛在炫耀自己的话语很有逻辑性。在这一类的争论中我们应该模仿安东尼，采取冷静且能赢得听众共鸣的方法，获得更多人的支持。

要想得到听众的共鸣，还需要时间。对于划时代的想法，无论多么正确，要想让听众完全接受，也需要时间。擅长讨论的人可能在一次会议中就能用他的理由说服别人，而那些日常品行端正的人，如果花时间对某件事进行说明，最终也会被他人接受。

第2条：转嫁证明责任

讨论时或法庭上，自己避开证明责任让对方承担，会使自己在争论中占据有利位置。因为要证明一件事是非常困难的，在自己可能要承担证明责任时，抓住机会把责任转嫁到对方身上，就能瞬间使争论对自己有利。

例如，有朋友约你出去聚餐，如果你因不知该用什么理由拒绝而烦恼，一定是因为对方巧妙地将证明责任转嫁在了你身上。一般情况下，邀请的一方会向你解释参加聚餐的理由，比如饭菜很好吃，或是有帅哥参加，等等。

总之，要证明一件不存在的或未曾有先例的事是非常困难的，因此被称为"恶魔的证明"。"给我看人类没有前世的证据。如果没有证据，就说明前世是存在的"，这正是使用了"恶魔的证明"的诡辩的例子。

第3条：使用稻草人偷换争论的主题

歪曲对方的主张，并批判歪曲后的主张，这种方法被称为稻草人辩论法。首先将对方的主张用稻草人来替换，再去攻击这个稻草人。也可以说这是在偷换争论的主题。

客观来看，报告的明明是事实状况严峻，但对方却说"你的意见是败北主义观点，我无法赞成"，这也是稻草人辩论法。

要想反驳这种说法，需要指出对方替换后的稻草人与自己的意见并不相同。

　　但这种反驳方式可能会因演变成对某件事物如何定义的争论而失去生产性，所以需要注意。倒不如直接反驳说，自己的主张不会带来稻草人带来的后果。

5.3　不被逻辑错误所欺骗

亚里士多德时代之后，逻辑学成为一项基础教养。其中，一些用虚伪论解释的莫名逻辑偶尔也会在实际社会中出现。越是自负地认为自己是具有逻辑性的人，越容易发出这种论调，这需要我们格外注意。

首先，请允许我为大家说明逻辑学习的基础，即三段论。

三段论由以下内容构成：

大前提：所有 A 都是 B　　"所有人都会死亡"

小前提：C 是 A　　　　　"苏格拉底是人"

结论：因此，C 是 B　　　"因此，苏格拉底会死亡"

大前提中的 B（死亡）中包含 A（人）。A 具有周延性，B 却没有。用集合关系来表示，即：

B（死亡）∪ A（人）∪ C（苏格拉底）→ B（死亡）∪ C（苏格拉底）

大前提中包含概念 B，小前提中包含概念 C，连接大前提和小前提的 A 被称为中项。如果搞错了这个关系，就会推导出伪三段论。

第 4 条：逆命题不一定都正确

包括大前提、小前提和最后的结论在内，所有直言命题都一样，即"逆命题不一定都正确"。

"所有人都会死亡"的逆命题是"死亡的都是人"，这个命题就是错的。牛和猪也会死，但它们都不是人。同样，"人是苏格拉底"这个命题也是错误的。我是人，但我是小林，不是苏格拉底。

举一个现实社会中的例子。"没有做好自我管理的人会感冒"，这个命题是正确的，但其反命题"感冒的人没有做好自我管理"就不一定了。你是否经常听到有人这样教训你呢？

要想证明这种奇怪的逻辑是错误的，只需举出一个反例即可。例如"严格贯彻自我管理的长友选手也感冒了"。即使你认真生活，也一样会感冒。

第 5 条：周延关系的错误

本节开头提到的三段论的包含关系（周延关系）如下所示：

死亡∪人（中项）∪苏格拉底

一旦弄错了包含关系，就会推出乍一看很正确，但逻辑并不正确的伪三段论。逻辑学中将其称为"中项不周延的伪命题"。

"有能力的商人早晨很早就会来公司工作,而我早晨很早就来公司工作,所以我是有能力的商人",这就是一个错误的三段论。这和"狗是生物,课长是生物,所以课长是狗"具有相同的逻辑构成,它们仅仅陈述了两个共同的性质,并没有证据证明其正确性。我们就叫它"狗与课长三段论"吧。"早起工作""生物"等(疑似)中项里并没有包含一方且被另一方包含,而是同时包含了两方。

如果大前提是"早晨很早来公司工作的人都是有能力的商人",在逻辑上还勉强能够成立。但我们也能轻松地举出反例,证明这个大前提并不正确。

再或者,"有能力的商人早晨很早就会来公司工作,我是有能力的商人,所以我早晨很早就来公司工作"这个说法虽然能够成立,但它已经把"自己是有能力的商人"作为前提,且没有说明这个前提的根据究竟是什么。

第6条:暧昧的概念操作

中项的含义如果因内容的不同而不同,就会推断出莫名的三段论。我们把这种情况称为"中项暧昧的伪命题"。

"提供高价的服务才符合我司的商务风格,你的企划案太过廉价易得,所以你的方案不符合我司风格。"在这个观点中,

"高价的服务"和"我司风格"所指的范围和意义有所偏差，不是一个明确的概念，所以这个逻辑是错误的。尤其是"高价的服务"，原本指的是"对用户来说性价比很高的服务"，但在第二句话中的意义却变成了"高价，表面上看能给人留下高级印象的服务"。

"部长是狸猫，公司的基础是部长，所以公司的基础是狸猫"也是一样。整个观点中，"部长"这个词的意思会根据前后文不同而具有不同含义，可以是"我们的部长某某先生"，也可以是"公司认为能够担任部长职位的所有人"。整个逻辑因此变得不知所云，也就是"狸猫部长三段论"。

如此看来，日常生活中到处都有不明所以的逻辑。可以说自亚里士多德以来，人类一直都在做同样的事，这不禁令人感叹。

5.4 反驳中的忌讳

在争论时是有忌讳的。比如明明和争论的主题无关，却莫名遭受对方猛烈的反击。如果对方在某个领域有自己的坚持，你踏入后会受到反击，那就不要踏入那个领域。我们应避开那些会使争论偏离方向，其结果不具有生产性的事，这样才更保险。

在大学的刑法课堂上，教授在简单说明引起学术界热议的A说法和B说法的概要之后说："虽然现在争论非常激烈，但在有罪之人是谁这一点上两种说法没有区别，所以这场争论没有实际意义。"说完后立刻开始讲解下一个内容。这也是我喜欢上法学的瞬间。

在公司也是，明明最终结果同样是"对外部社会先按兵不动，认真观察情况并继续调查"，却还要不停开展"没有实际利益的争论"，争论细节信息的正误、是否符合公司风格、是否符合道理，等等。

第 7 条：在讲述事情来龙去脉和历史时需要格外留心

在谈判中，知道事件来龙去脉的人才是赢家。至少在背景能力相同的条件下，越是熟知事件来龙去脉的人，在争论中就越能获得压倒性优势。

原本想抓住对方的弱点批判对方，结果这个弱点是曾经别人要求你的组织改善的地方，这就变成了一记强烈的反击。尤其是在公司或政府机关，每隔一段时间，一项工作的负责人就会变换，了解上一任负责人从上任到离任的来龙去脉，会对自己的工作有很大的帮助。

事先了解事件的来龙去脉固然重要，但最好不要随意引用对方的历史事件展开分析。安倍首相在 2014 年的达沃斯会议中提到第一次世界大战的历史，因此受到欧美媒体的强烈批判。所谓历史，每个人对它有不同的理解，而且每个人都对自己的理解非常执着，因此会产生无意义的误解和反击。即便你说的话和对方常说的话并无二致，但被外人擅自引用，会让对方感觉受到了冒犯。自己回想一下，就知道这种心情不难理解。

第 8 条：不去深入地争论事物的定义

我们应该避免对一件事物的定义进行深入的争论。这只会延长争论时间，推迟结论的得出，没有建设性的意义。如果是推销商品和企划，或是想得到对方的许可，这种情况下语言的定义权多掌握在对方手里，一旦开始争论，我方就会陷入不利。

例如，对于公司宣称要推进的"革新性的新事业""为实现社会正义做出贡献"的项目和公司表示不打算参与的"金钱游戏"，一旦开始争论自己提出的企划是否属于以上这些类别，就会没有尽头。

在这种争论中，举个例子，你可以主张"企划的定义由您决定，公司不玩金钱游戏的理由在于其危险性，而这项企划没有这样的危险性"，这样的讨论才更有建设性。

如果深入研究分类学，最终很容易陷入没有尽头的定义论。很多公司主张，我司会进行"事业投资"，但不会进行"纯投资"。这时如果开始争论事业投资和纯投资的区别，就会演变成一场没有生产性的争论。

第 9 条：不插手阴谋论

为一条无从验证的信息争论，也是在浪费时间。不去深入参与那些常见的"阴谋论"才是上策。因为"某某公司的阴谋"或"菅原道真的诅咒"这种观点，是把所有想法全都押在一个无法证明的理由上，会使思考停滞，无法思考出其他原因。

外交专家常说"美国的意愿""美国的阴谋"是不存在的。即便有 A 利益团体的意愿、B 保守系政治团体的意愿，美国的政策也只是由所有势力的总和来决定，而不是美国的意愿。经过一段时间，力量关系变化了，政策也会随之改变。

　　日本的公司也是如此。因为集团不是由资金所有者担任董事长，而是由职员担任并实行集团指导制度，所以会经过各种内部争论和力量关系的抗争，再最终决定公司的行动。因此，认为这是"某某公司的阴谋"，苦苦思索"阴谋背后的企图"，是不具备生产性的做法。分析究竟是什么客观形势让对方做出这种行为，才更具生产性。

5.5　不必认真回答不明所以的问题

不必认真回答那些只想强词夺理、压制对方的问题。

很久以前，提问就被当作一种使辩论对己有利的技巧，可以和前面介绍的技巧搭配使用。例如，"为什么开展这项事业的不是其他部门的人而是你"这种带有恶意的问题，用的就是第2条中介绍的转嫁证明责任的方法。

在对话中，好的问题能提升现场分享的知识量和逻辑性，引导辩论向具有建设性的方向发展。擅长倾听的人一般也擅长提问，提出的问题大多是自己不知道答案，但有可能解决目前争论的问题。当你提问时，务必小心避开那些不明所以的问题，提出建设性的问题。

趁此机会，我为大家介绍几种自古就被认为能让辩论变得对己有利的技巧，也就是几种不明所以的问题的模式。简单概括一下应对方法，如果对方提出一些在一定程度上能预测到我方答案的问题，那这些问题大多都没有建设性的意义，不必认真回答。

第 10 条：通过多重提问，获取对问题前提的承认

对方提出了一个问题，但这个问题的前提隐藏在其他问题的答案中，那么我们应该小心应对这类"通过多重提问获取对问题前提的承认"的情况。

例如，针对"你已经不再出轨了吧"这个问题，无论你回答"是"还是"不是"，都等于承认之前自己出过轨。因为对方在问题中隐藏了"以前出过轨"这一前提，而这一前提是其他问题的答案。对这种问题，不要认真给出肯定或否定的回答，而应该对问题的前提做出解释，如"原本我就没有出过轨"。

当力量关系对等，对方也有教养的情况下就可以对他说："这是典型的多重提问，下一个问题中又有什么陷阱等着我呢？"

这种类型的问题无法将讨论引导至建设性的方向，所有参与讨论的人都应该避忌。但实际社会中这种问题无处不在，这也是现实。

最简单的应对方法就是不去认真回答。

第 11 条：利用二选一型的问题诱导论点

利用二选一型的问题诱导论点的情况，在实际社会中屡见不鲜。明明有很多选择，却仅给出两个片面的选项供对方选择，故意把论点诱导至自己期望的方向。

例如，"你的企划究竟属于社会事业，还是和客户的礼尚往

来"这个问题就在利用二选一型的问题对论点进行诱导。无论选择哪一项,都等于承认这项事业不具备营利性。我们不能认真回答这一类问题,建议大家提出除了这两个选项之外的其他选项。例如,你可以回答:"这项企划既不是社会事业,也不是礼尚往来,而是一项营利性事业。"

这种情况在日常生活中也很常见,因此我们可以锻炼面对这种问题时的应对方法。

"喝啤酒还是喝日本酒?"→"喝乌龙茶!"

"去看电影还是喝咖啡?"→"我才不要和你约会!"

我们可以回想这些场景,并灵活运用于工作中。

第12条:教育性的提问

遇上类似小学老师一般,即提问者知道答案的"教育性的提问",要尽可能避开不答。

打个比方,公司经理或资深人士向对业界知识还不甚了解的新人提问:"提供这种产品的公司有几家?"类似这样的问题就属于教育性的提问。

如果你清楚地知道一些信息,就不要绕弯子去问别人,而应该主动与对方分享。这种提问者想要的不是在会议中得出有实际利益的结论,而是想显示自己处于优势地位。其结果就是,所有成员的士气都会受挫。

对年轻成员说教,如"你还没有脱离学生时代的想法"的人，才真的没有脱离学生时代的想法。把自己当作老师，把年轻成员当作学生来对待，实在是太丢人了。

可是，注意让自己不提这种类型的问题比较容易，要想预防别人问你这类问题就难了。你也许想说"如果您知道，请不要问，直接告诉我"，但这也要看时间地点和场合。

第6章

信息应该如此使用

——信息与实行

6.1　处理信息和实际行动的方法的区别

巧妙处理信息，预测未来问题，判断要做什么、该如何做之后，终于要将问题的解决办法付诸实践了。

前文讲述了如何通过巧妙处理信息，顺利推进事项的执行。但有时当你学会了如何处理信息，在实际行动时反而会变得笨拙。因为对处理信息有效的方法，对实际行动不一定有效。如果不能清楚认识到信息处理和实行方法的区别，就会变成一个知识渊博、能敏锐分析形势、擅长制作资料，却做不出多少实际成绩的人。

简单来概括，**对商品的展示说明并不是真正的做生意**。以往的日本商务人士认为是自己对外沟通能力太弱，所以格外关注展示和说明的优劣程度。我认为这是好事，但如果过度关注TED演讲者或乔布斯的优秀展示，就是本末倒置了。我们首先要做的，应该是打磨那些要在台上为观众展示的创意、商品和信息。TED和苹果公司一样，正因为他们拥有具有独创性、现实性的创意和商品，才使精彩的展示说明变为可能。

处理信息的作业如果不能在某种意义上推进信息的实行，就没有意义。正因为如此，希望大家在清楚理解下面介绍的信息与实行的区别之后再行动。

收集信息要广泛，具体实行要集中

在收集信息的阶段，要尽可能广泛且多样化地收集各类信息。之前我提到过，要看清道路的两旁，确定道路中央在什么地方。

但在具体实行时，必须把要做的事集中起来。一个人拥有的能力和时间都是有限的，能具体付诸实践的事情也非常少。如果既想做这个又想做那个，最后反而会一事无成。

越是创业家或热情高、干劲足的商务人士，越对世间各种事物有自己的见解。这些见解也许都是正确的，但如果想同时将这些想法付诸实践，反而会一事无成。

我有一个熟人曾创立了与农业的第六产业相关的新事业。当时我曾建议他把想做的事做好筛选和整理。他是一个充满正义感且极具活力的人，在销售自家公司的产品时，认为应该减少对百货公司等高价流通渠道的产品输出，用公司的商品救助福岛的孩子们，帮助扩大日本农产品的出口。在事业还未能盈利，工作人员仅有数人的阶段，如果挑战太多的事，那么能做成的事也会做不成。首先，应该在百货公司确保有足够的利润，扩大公司商品的销售规模，经营步入稳定后，再去救助福岛的孩子，调节日本的出口体制。

信息要远观，实行应近看

要想分析信息并确立方针，在思考时必须把遥远未来的景象也考虑在内。但在具体实行时，要尽可能在较近的将来设定具体目标，集中精力尽早正确地付诸实践，达成目标。

提高保龄球分数的窍门就是很好的例子。扔球时不要过度关注球瓶，而是看前方球道中间被称为瞄准点的记号来扔，会得到更高的分数。

打棒球也是一样。站在击球区，抛开"如果这次能打出全垒打就能逆转比分，庆祝会上一定会很开心"这种想法，集中注意力用球棒中心打中飞过来的球，就会有更好的结果。

在工作中亦然。对分析信息之后制订的具体计划，在实行阶段需要集中精力。尽可能排除杂念，首先集中精力满足坐在你对面与你说话的人，才能得到更好的结果。

分析信息时要持怀疑态度，实际行动时要自信乐观

在信息分析的部分我讲过，为避免被莫名的理由欺骗，必须用怀疑的眼光审视信息，考虑好万一发生不测时该如何应对。

但是，一旦确立了方针，进入目标实行的阶段，就要拿出自信，以相信一定会成功的信念执行才更有力量。无论是体育运动还是商业活动，在专业人士互相竞争的工作现场，如果竞

争公司和自家公司的实力差距不大，那么只要有一丝示弱或胆怯，这一方就会一败涂地。

随着对现状认识的加深，容易陷入对现状的肯定

巧妙收集、分析信息，加深对现状的了解后，有些人会不知不觉陷入对现状的肯定，容易转变为阻挠改革的守旧势力，因此必须小心留意。

当我们初次接触工作现场采用的运作结构时，会习惯性地觉得它不甚合理。但当逐渐理解形成这种结构的原委和周围的状况之后，就能明白其中的合理性，也能明白改变它会对周围各个环节造成影响。这样一来，就容易陷入肯定现状，拒绝变化的思维模式。

在任何行业，从业时间越长的人越容易反对工作推进方式和习惯的变革。而在判断是否要开始一项新事业时，越是优秀的人越容易看到问题所在，所以总是持否定态度。

理解做一件新的事会给周围带来什么影响，其中的问题又在何处是非常重要的。我们必须在充分理解这些问题的基础上，时刻保持向前迈出一步的勇气，否则很多事将无法实践。

如果过度追究说明责任，就会降低实际生产效率

试图得到更多的信息，为做出正确判断而过度追究说明责任，会耽误事件的实行，降低生产效率。

如果参谋总部在进行视频会议时，长时间要求火灾现场的领队做出说明，灭火行动就无法进行。此外，如果花很长时间制作资料，说明去年决算中的事业计划未能达标的理由，就会失去今年可用在营业和生产活动上的时间。在为失败找借口的资料制作上，无论花多少时间，对社会的附加价值也不会增加一分。

实际社会中有很多工匠型的人和能对生产活动做出巨大贡献却不擅长说明解释的人。不能因他们没有完成说明责任就横加指责，降低他们的生产效率，这是大忌。从这些人的行为举止中能获得多少正确的信息，全看你自身信息处理能力的高低。

如上所述，我们需要认真理解信息处理和执行的区别，在此基础上磨炼处理信息的技术，更好地推进实行。

6.2 有利于创造性实践的信息

即使不具备独创能力，也能做有创造性的工作

虽然公司会要求大家在工作中提出划时代的企划，但那些因自己从小就说不出新奇想法而烦恼的人也不用担心，因为绝大多数人都是如此。

现实中被社会广泛承认的具有独创性的事物，并非天才仿佛受到神的引导，从无到有想出来的东西，大多都是人们通过努力钻研前人的成果、历史及原委后想出的。也就是说，**只要能巧妙处理独创性的信息，即便你个人不具备独创能力，也能做有创造性的工作。**

池田满寿夫的《模仿与创造》中提到，具有独创性的画家毕加索十分擅长模仿他人的画。在画家朋友的画室看到未完成的作品，也能很快模仿画作的风格作画。这导致他的朋友不想再给他看自己的作品。毕加索通过不断模仿，完成了诸多具有创造性的画作。

　　谷歌也是一家划时代的公司，但网络上的全文搜索这一功能，在谷歌之前也有很多网站做过。而且搜索关联广告也并非谷歌的发明。谷歌的伟大之处，在于看到了全文搜索中最重要的东西，看出了搜索关联广告的商业重要性。

　　即便自己想不出划时代的想法，只要先于其他人理解这些划时代事件的意义，也能实现有创造性的成果。

　　有一件事需要那些从小开始就想不出什么奇异想法的优等生小心，即创造诞生于混沌和矛盾之中。

　　矛盾的现象，工作范围的重复，看似和自己负责的工作毫无关系的作业——创造正是诞生于这些混沌和矛盾中。如果意图将组织或任何事物构建成完美的金字塔型，不做其他多余的事，就不会有创造诞生。无论对自己还是对同事，都要心怀敬意地看待自身或他人的游戏心理和好奇心，如此才能实践有创造性的工作。

了解平凡，成就创造

　　有的人看起来具有丰富的创造力，却无法顺利实践具有创造力的想法。虽然会想到并着手做一些让周围的人瞩目的独特的事，但回顾结果却是一事无成。对于这一类型的人，要想成功实行自己的想法，应该怎么做？

　　这是一种反向推论，即**要想成就创造性的事物，必须先了解平凡**。了解世间普通的人会如何看待这个想法，会感受到何种程度的不适或震惊。也就是说，正确把握自己独特的方案与世间标准的差距是非常重要的。

如果距离相差太远，不投入巨大的精力就无法获得多数人的支持。如果对差距有正确的把握，就知道怎样做大众会接受。

在处理信息的方法中提到过，正因为"在小河正中心，却在小舟的边缘"，才会存在有利的信息、能取得成功的有创造性的企划方案。如果有一个企划方案，放在小圈子看好像很独特，但从广阔世界的普通视角来看其实很正常，就应该去实行它。在这种情况下，只要能正确把握自己在小舟中的位置和这个位置距小舟正中心的距离，就能知道自己在小舟中应该做什么，应该怎样做。

换言之，在实行有创造性的想法时也需要观察周围的环境和气氛。确认自己想做的事和周围环境气氛的冲突程度，然后故意去做与周围环境气氛不符的事，即"会观察，但不遵从周围的环境气氛"。

但有一点需要注意，那些看起来具备丰富创造力的人，很容易提出一些仅能成为一时话题，却很难实现的方案。这时候，不要认为没有成果的原因是实行方法不对，而要想到是企划本身有问题。

有的人只会追踪电视或杂志上出现的商业热点，不断提出像是直接剪切并粘贴了商业类杂志标题的企划书；还有人只以刊登在公司内部报纸为目的，不断提出新的企划案。这类人还停留在"了解平凡"之前的等级，希望他们能从头阅读这本书。

领先半步预测时代，押中商业机遇

如果能领先时代半步，就能获得成功。但如果领先了一步，在实际社会中就会遭遇失败。如果不能跟随时代潮流，就做不成划时代的事。如果想法过于超前，也会因无法得到世间的认可而导致失败。也就是说，**领先时代半步的企划才能在现实世界获得成功。**

在艺术和学术界，有时会有人如凡·高和孟德尔一般，创造出具有独创性且大步领先于时代的作品或学说。他们在生前未能得到认可，死后才获得了很高的评价。

在俗世的大多数工作中，如果没有在当下的实践中获得成功，就没有意义。既不会留下记忆或记录，也不会在将来获得很高的评价。

因此，我们需要正确把握现今时代所有事物与自我想法的距离，领先时代半步将想法付诸实践，否则很难取得成功。

要想出领先时代半步的创意，用"大过去 × 未来"的思路思考，是获得提示的有效方式。

为了保持创造性，如果通过想象未来和更远的未来的方式思考问题，只会使事情变得越来越荒唐无稽。与其如此，不如综合考虑很早之前发生过的事和未来可能发生的事，得出能够领先半步的想法。

例如，推特就是结合远古时期起人类就有的"碎碎念"和网络形成的产物。而互联网生命保险是结合了最初没有特殊条约、用过即失效的单纯的生命保险和网络形成的产物。

将两个年代之前的古老事物和未来会发生的事物组合在一起，大多能得出超越时代半步，且能得到丰厚回报的新创意。

另外，还有一个相对高级的战术，就是看清领先时代一步的发展前景，确立发展方向后再刻意降低创意的功能和结构水平，这同样能给我们一些启示。

1990 年，电子邮件开始普及，当时在美国微软公司工作的朋友对电子邮件的本质做了如下说明：

"电子邮件的厉害之处并非可以和全世界、全美国的所有人取得联系。这种事在现在（和当时）用电话就能做到。然而用电话的话，接电话的一方如果在电话打进来的时候无法接听，双方就无法进行沟通。而如果用电子邮件，信息接收人即使没有在场也能进行沟通。如果对方就在电脑前，还能立刻回复。电子邮件的厉害之处，在于能够灵活应对'时间'，使人与人之间能完成非即时的沟通。"

也就是说，电子邮件的价值并不在于快速沟通，而在于能慢慢等待对方的回应。像这样悠闲地退后半步，反而能增加事物的实用性，这种情况在现实生活中也不是少数。

推特故意将一次可发送的信息字数限制为 140 字，也正因如此才使其得以普及。Facebook 也和能向世界任何人发出信息的博客不同，其优点在于可以选择只让自己的朋友阅览和评论自己写的东西。像这样从更快、更大量、更先进的技术这一视角出发，退后半步故意降低其性能，会令人意外地得到更好的使用体验。

这样一来，在实行时也能获得成功，因为正好相当于领先了时代半步。

6.3 具有实践性的信息判断

即便信息不足，也要在当下做出判断

是否要实行一件事，对此的判断会直接关系到结果的成败，也是最重要的。即使做出同样的判断，后续结果也可能有失败的情况，所以做出判断的时机与结果的成败有直接关系。下面的例子任何公司听了应该都会后悔。

"我们决定在期限 X 前静观事态变化。过了 X 这一天，我们决定在 Y 阶段向 AAA 提出警告。到了 Y 阶段，我们决定等待征兆 Z 的出现。但在等待 Z 的过程中，BBB 又开始了。"

这是在针对第四次中东战争的开战预测中遭遇失败的 CIA 分析官的反省之言。原文中，AAA 指的是"以色列"，BBB 指的是"战争"。(《谍报活动》，小谷贤著)

如果找借口说信息不足，以"继续详查后再做判断"为名维持现状，逃避判断不去作为，那么在逃避的过程中整条船都会沉没。这样的例子真的不在少数。

即便信息不足，没有凑齐判断所需的材料，如果当下必须做出判断，就要鼓起勇气，用手头拥有的 60% 的信息做出判断。

为了做出某个判断而收集所需要的信息时，要在短时间内完成开始的 50%~60% 的信息收集，之后只花时间追加 10%~20% 的信息。如果之后一个月调查所获的信息不比一个月前多，那么当机立断才是上策。

但是也不能轻视信息的作用，不做任何调查，毫无头绪地一味求快，这只会导致损失和负担不断增大。我们需要在充分理解危险性的基础上，鼓起勇气向前迈出一步。

在下述情况中，需要我们均衡地观察周围状况，考虑是否应该在当下做出判断。

· 情况十分紧急，不立刻采取对策后果将不堪设想。

· 现在无论选择哪一项，结果都不会有太大差别，如果之后再决定会导致失败。

· 如果不投身其中实际执行，就无法得到需要的信息。

· 即使现在开始实行，将来也不会造成长期的巨大损失或负担。

· 收集、分析信息的效率已经达到峰值。

该做出判断的究竟是谁

在工作中，自己和上司意见相左，同事和上司意见相左的情况非常常见。当然，前提是已经完成了本书之前所述的信息收集、分析、交换这些步骤。而且，有时会出现没有更多时间争论，现状十分紧迫的情况。在这种充满压力的状态下，究竟该由谁做出怎样的判断？

在这种时候，用多数表决的方法"民主"决定并不会有好的结果，之后我会讲述理由。不仅如此，没有人会带着自己是当事人的严格意识去实行计划，所以会导致失败。在工作上，需要有人为之负责并做出判断。

应该做出判断的人，一是受结果影响最大的人，二是最有能力做出判断的人。例如，在医疗场合中，受结果影响最大的是患者，最有能力做出判断的是医生。医生需要充分调查并详细说明情况，但最后的判断应该由患者来决定。这就是知情同意的概念。

在工作中也是一样。如果对一个项目的判断会左右整个科室的命运，那么在讨论了所有可以讨论的问题后，即便不能接受，也应该遵从科长的判断。如果部下因为孩子生病想请假，上司可以和他谈话，但不能否定受此事影响最大的部下的判断。

发生问题时，和事业搭档在解决方法上意见相左时也一样。在充分交换信息后，第一应由受结果影响最大的公司判断，第二应由最有能力做出判断的公司进行判断。

上文提到的民主主义的多数表决，其实也能用这个原理来说明。最了解一个国家的政策的是行政机关及官员，而受其结果影响最大的是国民。因此，行政机关和官员要尽力说明，国民要认真倾听，但最终应该由国民做出判断。所以，国民的代表——议会要用多数表决的方式来决定国家政策。

关于工作上的判断，其结果对所有职员的影响程度并不相同，职位越高的人受到的影响越大。所以对工作的判断采用的并非多数表决制，第一由受结果影响最大的人决定，第二由最有能力做出判断的人决定。当然，事件结果的影响程度对所有人都相同的情况下，比如下班后的活动等，就应该用多数表决制来决定。

在政治学和经济学中，将受结果影响的人称为当事人，将有能力做出判断的人称为代理人，且有"当事人—代理人问题"这样一个大的主题。其中有一些讨论，针对的就是代理人为帮助当事人应该怎样行动的问题。

输出与结果

学生时代，会看一个人行事的动机和过程，看你是否心怀恶意，是否有努力。但变身领取工资的专业人士后，看的就是你行事的结果，即你获得了怎样的成果。我们需要为了这个成果收集并处理有用的信息，此时将成果分为输出与结果两个阶段，会更容易整理。

所谓输出，就是对自己眼前的内部环境做一些动作（输入）后得到的东西（输出）。所谓结果，就是输出的内容对社会等外部环境造成影响后产生的事物及现象（结果）。这原本是用于社会事业及 CSR（企业社会责任）事业中的思考方式。

例如，"将人行横道增加 3km"作为输出，其结果就是"减少了步行者的交通事故"。便利店出售美味的便当是一种输出，饮品的销售额增加、回头客数量增加就是结果。

输出是我们可以控制的，但结果却会受外部环境的影响，不能断言其绝对会发生。如果做了符合预测的输出，却没有得到预期的结果，就必须重新审视目标和输出是否恰当。

有时我们会只关注"本月订单金额"这种切身的输出，有时也会只强调"为社会做了贡献"这种宽泛又遥远的结果，这些都是不可取的。如果不平衡分配输出和结果并付诸实践，就无法得到全面可持续的成果。

我认识一位在台湾半导体行业做风险投资的台湾人，他明明拥有足够的资金，却经营着一家规模小、投入繁杂的半导体检测公司。

我对他说："你明明是有钱人，做的工作还真是土气。"结果他一脸坏笑地回答："看了检查后的半导体产品成品率，就能知道哪家新兴的半导体公司更有前景。"对他来说，虽然经营检测公司输出的利益并不多，但自己投资的事业取得成功这一结果会带来更大的利益。

在日常工作中，与在业界发挥稀有功能的公司做生意，作为一项输出获利并不会多。但对方会给我们介绍各种信息和客户，孕育出很好的结果。这种情况也十分常见。

如果不能均衡判断输出和结果并付诸实践，就无法获得可持续的成功。

不实行的风险与实行的风险

如果决定实行某件事，就有产生损失的风险（危险性）。如果做出对策来防止危险，又会因此产生其他风险。如果觉得麻烦决定不去作为，也会因不作为而产生新的风险。

针对环境与食品的安全问题，有一种思路叫作 Risk Tradeoff（风险权衡）。所谓 Risk Tradeoff，指的是"如果想消除某一项风险，就会出现其他风险（对抗风险），以抵消最初风险的风险削减效果"。（《核泄漏事故与放射性物质风险学》，中西准子著）

例如，亚非地区在预防疟疾时使用的 DDT，在 20 世纪 60 年代因发达国家环保意识加强而被禁止使用。疟疾因此再次流行，很多亚非地区的人民因此丧命。其带来的损失远远大于不使用 DDT 以保护生态体系所获得的价值。这就是 Risk Tradeoff 的典型事例。

还有一个例子，因惧怕农药致癌这一风险而食用无农药蔬菜，却因原本用农药便可杀死的寄生虫进入体内，最终对身体健康造成了威胁。

在现代日本，因惧怕合规管理及企业管理（统治支配）引发问题，所以增添了各种各样的监视和检查。但如果监察过度，会降低职员的工作欲求，导致其他单纯而重大的失误产生。

任何事只要想改变以往的方法，进行新的尝试，都会产生各种各样的风险。即便一一列举批判它们并拒绝变化，也会因无所作为而产生其他风险。

当要实行某项事务，在考虑其风险时，不仅要考量其风险的数量和规模，还必须时刻与不实行的风险和做其他事带来的风险做比较。

因为有一些风险模型没有阈值，所以更要多加留意。在评估有毒物质的风险时，虽然有毒，但只要不超过某个含量就不会对人体造成影响，这样的风险就是有阈值的风险。而大多数致癌物质的致癌率与摄入量成正比，即便摄入量微乎其微，也不会使致癌率降为零。这种风险就是没有阈值的直线型风险模型。

工作中的失误和违约问题，大多都是没有阈值的直线型风险模型。无论添加多少限制条件来减少风险数量，风险发生的概率仍然不会降为零。因此，必须以可能会发生风险为前提，思考风险管理的方法。

有人会批判为了应对"不允许发生之事"而做出准备的情况，说"竟然去设想那些不允许发生的事"，这种想法是愚蠢的。从前，日本金融厅曾计算过发生金融危机时日本国家银行的损失金额，有一家报纸媒体将其作为丑闻进行了批判性的报道。这种情况下，金融当局只是做了应做之事，没有任何错误，反而是提出批判的一方不懂得风险管理的方法。

预测那些"不允许发生之事"并提前做好准备也十分重要。

6.4　多重压力下的信息处理方法

职场是最大的主题公园

实际工作时，有很多信息会造成精神上的压力，让业务向消极的方向发展。如果不亲自驯服这些会造成多重压力的信息，身体就会吃不消。

记得我刚从学校毕业开始工作时，有种看破红尘的想法，认为从此我会度过平凡的上班族的一生。但实际做了上班族才发现，它根本与平凡不沾边，反而是千变万化，会遭遇各种事件。我也有感觉凭自己的力量完全无法承担的时候。但是冷静下来之后，想到日本有数千万的上班族都在承受着同样的压力工作，就对系着领带满面愁容，坐着电车上班的大叔们心怀敬意。

在倾听进入公司数年后为职场压力所苦恼的年轻人的问题时，我会对他们说，职场就是最大的主题公园。有时被抬高，有时被甩低，以为要往右走，却突然向左拐，就连云霄飞车都没有它刺激。时而哭泣，时而欢笑，时而生气，让人心惊胆战又充满期待。你会遇到以往人生中从未见过的人，连动物园都要为此大吃一惊。对战的 Boss 也每天都会更换，让人从不厌烦。

普通的主题公园需要付入场费，而在职场还能拿到工资。我建议那些因太过认真而烦恼的人，用尽情享受这家最大的主题公园的心情去工作，这样可以适当地缓解压力。

高手向大师学习，大师向凡人学习

和令人失望的人共事，或者不得不去应对这样的客户，都是非常容易积累压力的事情。

尤其是优秀的人，如果遇到手脚很慢失误又多的下属和同事，一定会很生气。不仅如此，如果上司和前辈向错误的方向做出指示，也会使人觉得烦躁。

对于任何事，普通人都会向擅长此道的高手学习，而高手会向该领域中最优秀的大师学习。大师自己本来就是领域中最优秀的人，所以很少有人可以供他学习。即便如此，大师仍然日益精进，因为他会向那些比自己能力弱的普通人学习。虽然普通人的整体能力不强，但如果在极少的某个方面有所擅长，大师就不会漏看他们的长处，而是去学习这些长处。如果是那种一无是处的普通人，大师会分析他一无是处的原因，把他当作反面教材。

在工作中必须应对那些令人失望的人时，就把他们当作反面教材，看看究竟怎么想才能做出这种蠢事，或者一个经理做了什么事，会打击下属的斗志。把这些当作珍贵的学习机会，就会有所收获。

如果你认为很糟糕的上司和同事有优秀的地方，可以将他们优秀的部分巧妙地提炼出来化为己用。把它当作锻炼观察他人的好机会，不要放弃而是从正面积极应对，就会得到更好的结果。

与其总是生气或反抗，不如自己把自己捧为名人，向那些令人失望的人学习，会对自己更有帮助。

工作量过大时的应对方法

工作中我们有时会遇到需要做的事太多，因过于忙碌而困扰的情况。负责的商品销量大涨，同一个部门的人员减少，没有较好地分配各项工作，接到投诉或发生重大问题，等等，无论多么优秀的组织也会出现相对繁忙的时期。这种时候应该怎么做？

在工作时，也许你想要不间断地一个接着一个地处理手头的工作，但实际上很多时间都在犹豫究竟要做什么。因此，在习惯了同样的工作内容之后，工作时间就会大幅缩短。**在繁忙时，着手减少那些用来犹豫的时间，才是提高工作效率的捷径。**

有关工作推进方法的培训会教导我们，将所有工作分为紧急度高、重要度高和普通 3 种类型后，将其记录在表格里，再依据表格按顺序处理这些工作。不过我不推荐在事务工作繁忙时使用这种方法，因为对工作细致分类会浪费大量时间。

假设眼前的工作已经堆积成山，无论你按什么顺序进行，都要在今天之内全部完成。既然如此，**毫不犹豫地从堆在最上面的工作做起才是最快的方法**。因为那些为决定工作顺序花的时间都是浪费。如果真的是重要且紧急的工作，你的上司或同事在最初就会催促你，根本用不着在表格中归类，直接从它着手即可。

面对大量的工作，应该采取的方法是时间上的止损。如果某项工作花费的时间比预想的长，就应该在超过一定时间时中断这项工作，转为做下一项工作。如果不这样做，已经处理完的工作就不会增加。

世界上第一个编写英语语源辞典的人，会限定时间来查找一个单词。如果在限定时间内查找无果，就会写上"未知"。因此，世界上第一本英语语源辞典中记载了很多语源不明的词。

英语是由各种语言混合在一起形成的语言，所以难以分辨其语源，也无人能编写出英语语源辞典。查找了一定时间后仍然不明所以的单词就选择放弃，通过这种方法才能完成整个辞典的编写。

为完成过量的工作，这种在时间上止损的方式也是有必要的。

第 7 章

看 "现在"，知 "未来"

——信息的活用

7.1　预测时代的走向

预测时代走向的重要性

前文讲过，要想预测未来的问题，需要对现状有系统性、历史性的理解。

在预测时代走向时，对时代走向有系统性的理解也非常重要。

有了系统性的理解，就能将得到的信息放在整个事件中的正确位置。即便是一些细微的信息，我们也能立刻理解其重要性。将信息存放在经过系统性整理的大脑档案库中，记忆力也会倍增，从而轻松记住这些信息。

最重要的是，这样就能感受到新的趋势和技术会给社会带来多大的影响，影响的有效期限有多长。这在推进工作时非常有用。

1995 年，曾有一个跟我关系很好的软件技术人员一脸兴奋地跑来找我，说"Java"这一划时代的技术公布了，还给我展示了其官网,并对我说:"10 年、20 年后,我可以跟别人炫耀说我曾在 1995 年见过 Java1.0 beta 版了。"

现在,无论是在互联网环境下还是手机程序中,Java 都是不可或缺的技术,那些能驾驭 Java 的技术人员更是抢手的人才。

我这位身为技术人员的朋友从大型计算机时代就参与了软件开发,从小型计算机到 UNIX 再到微型计算机,伴随着时代的变化,他在不同的环境下编写程序代码。从他在现场工作的亲身经历来看,这也是提高系统开发生产性的技术和功夫的演变史。这个过程中有一个重要的趋势,就是"面向用户"这个概念,而 Java 是最为纯粹地实现了这个概念的编程方式。所以可以说,他正确理解了 Java 在整个编程史中的位置。

有时我会找他聊我在电子杂志上看到的新技术,他会说"这只是昙花一现,很快就会过时",或者"这种技术只能适用 5 年",等等,给我一些正确的意见。他以在第一线实际编程的技术人员的立场,见证了数十年的软件开发历史,所以才能正确理解时代走向的规模和时效。

受他的影响,20 年后的现在,我也能向经验丰富的软件技术工作者炫耀:"1996 年我曾参与过 Java 的示例程序组建。"

有了这类经验再去看时代的走向,就能够从历史性的角度去看走向的本质、适用范围的广度和持续时间的长短。

用历史性的眼光看穿大规模、长期性的趋势

在预测社会的未来时，不能只看前方，回顾过去、调查历史也非常重要。

要想判断各个时代的走向是否属于大的历史走向，必须理解其在从遥远的过去到长远的未来这整个过程中处于什么位置。概括来讲，如果这个走向从很久之前就在持续，那么它今后也会持续，如果是刚刚产生的趋势，那很有可能在不久的将来就会消失。

如果不了解时代的走向是从多少年前开始的，持续规模是数十年还是数百年，不知道其时间长短、起点或终点，就无法对将来做出预测。

全球化是从人类出现开始就不断持续了数十万年的趋势。产业化是从 18 世纪开始，持续了数百年的不可逆转的趋势。信息化是从 20 世纪开始，持续了 50~100 年的趋势。产业服务化是持续了 30~60 年的趋势。

互联网也是持续了数十年的趋势。互联网服务化是持续了 10 年左右的趋势。微软公司创始人比尔·盖茨于 1995 年写下一篇题为《纷涌而来的互联网浪潮》的笔记，向员工做出说明，并发了一封邮件给员工，表示应该做好准备，迎接 10 年后也就是 2005 年的"互联网服务化浪潮"。

我们再来看看一些持续时间越来越短的趋势。女性时尚杂志创刊于 20 世纪 80 年代，其中最受欢迎的杂志以 10 年为单位

不停更换，依次是 *JJ*、*CanCam*、*Sweet*。

AKB48[①]于 2006 年出道，2011 年其 CD 销量超过了 1 千万张，虽然这是已经持续了数年的趋势，但我想很少会有人认为从现在起再过 10 年她们还能保持现在的成绩。这并不是说持续时间短就不好，而是想告诉大家应该冷静看待这件事。

尤其在工作中，最好不要盲从于当今媒体中经常出现的流行语。例如，在互联网商业的世界，仅仅是 2000 年以后就出现了".com""Web2.0"等流行语，最近经常会看到"云""大数据"等词。虽然现在人们会盲目追随这些在报纸、杂志中经常出现的词语，但数十年后当它们消失，也就不会对我们的工作有任何帮助了。

例如，数年前曾有人说"RSS"（简易信息聚合）和"Trackback"（引用通告）会颠覆整个互联网世界。但现在反而是"转发""基友""点赞"等词语成为媒体热议的话题。

在前文阅读报纸的方法中提到，在媒体的世界，狗咬人不是新闻，但人咬了狗就是新闻。但是，如果因为看到新闻说有人咬了狗，就去做为了能让人咬狗的工作，也并不会成功。

不能因为一条特殊的新闻，就误解时代的走向。在工作时，了解新闻十分重要，但如果轻信跟风肯定会吃苦头。"就相当于为了从马背上掉落而骑马"。（夏洛克·福尔摩斯）

我们不时会看到一些商务人士仔细调查新的商业动向和相

---

① 日本大型女子偶像组合，成立于 2005 年。——编者注

关新闻，利用流行词汇做出精美的展示资料。但其中大部分人都没有成功的商业经验（业绩）。

我们无法战胜宏观趋势

如果不预测时代的走向，就无法推进工作。不要局限于持续数年的短时间的流行趋势或某个狭小业界的习惯性做法，应该用 10 年、20 年的长度来预测时代的走向。抱持对世界整体的大局观，这样工作才是重要的。

在巨大的社会中，一个人的力量，一家企业的力量微乎其微，谁都无法单枪匹马地改变世界。如果想凭一己之力掀起波澜，往往会遭遇失败。顺应潮流并为潮流的发展助一臂之力，这种态度才是上策。

顺应了时代潮流，无论是资金、人力还是创意，甚至运气都会自然而然汇聚过来。所以在工作时，需要从宏观的角度观察长期且巨大的时代浪潮，并分辨出这股大浪潮的中心在哪里。

我有一个朋友，他在对冲基金领域做出了成绩，在金融界也十分有名。他的口头禅就是"逆大流就无法取胜"。作为一个从事投机行业的人，逆流押少才是真髓，而且他本人也是押中了旁人没有押的市场才大赚了一笔，所以金融界的人听到他说这句话，不禁会怀疑自己的耳朵。"逆大流就无法取胜"的真正意思是，对政府的某个金融政策这种小趋势，偶尔还可对抗，可以去押少押小，但如果对抗宏观经济这种大潮流，在商业中就不会顺利。

所谓大潮流,我们不必用新词汇形容它,在现场工作的人每天都感受得到。从数十年的历史性视角来看,它是长期持续的事情。如果能巧妙预测时代的走向,就能在工作中提出新的企划或方案。

在实际执行的阶段,要明确怎样的时代走向才是企划成立的基础和前提。如此一来,一旦时代走向发生变化,当初预想的基础开始瓦解,我们也能马上发现并采取恰当的应对措施。在企划不能按计划进行时也能迅速做出判断。

如果顺应时代大潮流去工作,即便负责的项目因战术性理由宣告失败,对公司及个人也是能派上用场的经验。因为在将来,个人或公司肯定还会再做相关的工作。

第 1 章中提到,只要战略是正确的,战术性失败是可以挽回的,但战略性的失败却无法用战术性的成功去挽回。要想制定正确的战略,就需要有大局观,把握大潮流。另外,只要不断尝试观察时代走向,积累经验,掌握预测时代走向的技术,哪怕之后的工作转移到其他领域,也能灵活运用这种技术预测其他领域的时代走向。

问题先进范例

仔细观察那些最先预测到时代动向的社会或行业,再思考自己该如何应对时代的走向,这种做法具有很高的参考价值。

　　日本常被称为问题先进国。经济富裕，少子化及老龄化不断加深，通货紧缩压力大；已经无法进行追赶型的快速发展，只能探索目标、不断改革、缓慢发展；随着城市化的推进，地方的活力下降，收入差距不断扩大。种种成熟社会的问题都先出现在日本。

　　话虽如此，北欧的发达国家比日本更早地直面了这些成熟社会的问题。他们虽然吃了很多苦头，但也在某种程度上克服了这些问题。他们实现了高额的社会福利，通过提高人员雇佣的流动性来提升雇佣率，也构建了培养孩童创造力的教育体系。

　　北欧算上瑞典、挪威、芬兰3个国家也只有2千万人口，比总人口2,300余万的中国台湾还要少。他们和日本的人口差距巨大，我们无法走和他们一样的道路。

　　但是，日本可以以走在自己前方的北欧为例，慎重选择那些可以吸收的部分，再独自寻找克服这些问题的方法。

　　同理，日本的IT产业在数量众多的各个产业中，可以称为问题先进产业。被标榜为世界第一、电子立国的国家后，日本未能在数码技术和模块化主导的全球化竞争中取胜，败给了中国的低价生产力和美国的创新改革能力。

　　日本的其他产业，例如电动汽车产业，就可以仔细观察走在前方的IT产业的情况，慎重选择可取之处加以吸收利用，再独自寻找克服问题的方法。这是十分有效的办法。

　　如果想了解今后世界的发展情况，仔细观察日本就会得到很有参考价值的信息。

像这样观察问题先进范例，把握时代潮流，会非常有益。

但有一点需要注意，不要把单线的进化作为前提，而要时刻考虑多线的进化。因为我们无法断定，后方追逐的人和社会所走的进化之路一定与前方的人和社会相同。

究其原因，是在我们接受时代走向的影响时，时代走向本身已经发生了变化。努力模仿前人，当自己能做到前人做过的事之后，却发现游戏规则已经改变了，这种情况非常常见。

而在后面追赶的一方，有时也会跳过前人走过的台阶跨级发展。中国等新兴国家在固定电话还未完全普及的阶段，就已经普及了手机。这类事情在各个领域都有可能发生。

话虽如此，与日本经过慎重选择后参考了走在前方的北欧是一个道理，无论在什么领域，只要能巧妙参考前面的问题先进范例，就能在自己的发展中发挥作用。

在下一节，我会说明如何观察那些在后面追赶和走在前面的事物混合存在的社会。

7.2 全球化——"新中世纪"论

说明全球化的模式

全球化并非现在才开始，而是自从人类登上历史舞台，已经绵延持续了数十万年的时代趋势。早在日本绳文时代，就有部落首领会聚在三内丸山遗迹所在地①，一起就如何应对全球化的问题展开讨论。

现代社会的全球化在长达数十万年的趋势中显得非常特殊的原因在于：在 20 世纪，地球的地理性边界一齐消失，我们几乎能和所有人类进行沟通。现在，出生并成长于不同地方的人可以一起工作，一起制作东西，在全球进行资源和生产物的再分配。全球化正在向质的深化发展。

要想系统性地理解全球化的潮流，可以参考国际政治学的相关知识。

这里我参考的书是东京大学田中明彦教授提倡的《新中世

① 位于日本青森市郊外。——编者注

纪》。通过这种模式，全球化大潮将大步推进。这本书也预测了发达国家今后将有怎样的发展。

同时，这本书中也提供了一种模式，令我们能深度理解新兴国家在各个发展阶段可能出现的几波浪潮。这不仅对理解国际政治有帮助，对理解商业和文化亦有所裨益。

"新中世纪"论

田中教授为说明冷战后的世界体系，提出了"新中世纪"论（1996 年）这一模式。它共有两大支柱理论。

一个理论是，发达国家之间的全球化如果得以扩展并增进彼此的依存关系，国际社会就会从具有近代性质的状态变为带有"新中世纪"性质的状态。

另一个理论是，当今世界除发达国家所属的"新中世纪圈"之外，还会有新兴国家所属的"近代圈"和在近代化发展中落败导致社会处于停滞状态的"混沌圈"，这 3 种世界圈同时存在且相互作用。

概括一下这一理论提倡的世界观，即在"混沌圈"→"近代圈"→"新中世纪圈"这一发展过程中，每个不同的发展阶段都有诸多国家归于其中，且各个国家都会相互作用。

现代的发达国家即将踏入的"新中世纪圈"具有以下 3 个特征：

① 意识形态的普遍性：冷战后，和中世纪时期相同，各国意识形态的对立已经结束。

② 主体的多元性：和中世纪相同，非国家主体的重要性有所增加（例如欧盟、跨国公司、绿色和平组织等）。

③ 经济相互依存：和中世纪不同，经济的相互依存程度有所增加。

除了拥有上述特征的"新中世纪圈"以外，还有"近代圈"和"混沌圈"，3 个圈之间相互作用。下面我们来看看这 3 个圈的情况。

（1）新中世纪圈

指的是已经完成近代化的日本、美国、欧洲等发达国家。这个圈内的主体十分多样化，不只有国家，还有国际性企业、NPO（非营利组织）、地方自治团体等。这个圈内的主体之间不会发生战争，会用语言和信息来说服对方，或通过经济性的调整解决彼此间的纷争。出现纷争的焦点不是领土，而是经济或名誉等方面的事物。

（2）近代圈

指的是正在进行近代化的新兴国家。这个圈内的主体几乎全都是国家。这些主体之间会以领土、军事、经济为焦点发生纷争。作为一种政策手段，偶尔也会发生战争，试图用武力解决问题。

（3）混沌圈

指的是在近代化中失败或还未步入近代化轨道的地区。因为这个圈内的国家无法发挥国家的机能，所以圈内的主体是地域集团。这个圈内的主体之间经常处于战争状态，以生存为主要焦点的武力纷争不断。

田中教授提出的"新中世纪"论之所以优秀，首先是因为他不仅叙述了现代，也就是世界在当下这一瞬间的静态画面，还描绘了发达国家一路走来的时代变化。就仿佛埃德加·德加描绘舞者的系列画作一般。

在前文中有一点需要注意，虽然新中世纪圈内的成员之间不会发生战争，但他们可能会和近代圈或混沌圈的成员发生战争。伊拉克战争就属于这种情况。

田中教授自己做出如下说明，这对日本人来说也是重要的指导。

> 日本对国际政治方面的"近代化"理解仍然不够充分。（中略）按照我的理解，日本已经是具有浓重"新中世纪"特征的地区。但日本周围有很多国家仍然是具有明显"近代"特征且属于"第二圈"的国家。日本人虽然身处"新中世纪"，却必须与"近代"对抗。我们不能因"近代"国际政治老旧就不加理会。

大概是因为日本已经有 70 年没有发生战争，社会治安良好，所以很容易轻视安全保障方面的问题，日本人如果在国外居住就能感受到，大家具有很强的安全保障意识。而且国外对武力冲突事件等也会做出详细的报道。

遇到这一类问题，我们应该在讨论对错之前，先理解它们和日本社会流通的信息本来就有偏差，并做出修正性的理解，这样才更有效。

而"新中世纪"理论的另一个优秀之处在于，它不像过往的理论一样，对近代之后的世界持"后近代"或"脱离近代"这种否定近代的态度，而是积极地提出"中世纪性"的表达方式。正因为将其比喻为历史上已经存在的东西，所以大家会对这个概念有一个清晰的印象。

"新中世纪"模式的应用

在国际政治学中，"新中世纪"模式对理解商业全球化也非常有用。

日美欧等发达国家的商业必须适应"新中世纪圈"的原理。要谨慎应对除国家之外的多元化主体，即环境保护类 NPO、联合国一类的国际组织、跨国公司、个人网络运营者，等等。要想提高团队能力，与其号召大家多工作，提高销售业绩以争取高额工资，不如让每个团队成员切身理解他们所做的工作能给社会带来多少益处。

如果你负责的是新兴国家等近代圈内的商业事务，就必须适应廉价大量的生产和"强烈鲜明"的近代圈内弱肉强食的规则。

在日本制造、在新兴国家销售，或由日本出资在新兴国家和当地工作人员一同开展事业时，需要同时应对"新中世纪圈"原理和"近代圈"原理。这时，能够展现不同原理对应了什么场面的模式会非常有用。

"新中世纪"是一种政治模式，将其应用在经济领域，预测发达国家今后的经济发展趋势，会对我们的日常工作有很大的帮助。

7.3　产业化·信息化·服务化

产业化与数字生产革命

产业化指的是以 18 世纪后半叶的产业革命为契机，社会中心由农业向工业转移的过程。产业化持续到现代经历了数百年，并在全世界扩散，是不可逆转的趋势。按照上一节提到的"新中世纪"论，产业化属于"近代"。

产业化的特征是工业化、高速发展，还有以此为前提的市场经济及股份有限公司等社会结构的出现。

产业社会和骑自行车非常相似，只有依靠不间断的技术革新和商业革新维持连续不断的发展，才能保持社会的平衡。由于市场经济的竞争原理发挥作用，人们都在不停工作，有时会互相斗争，还需要维持一定的通货膨胀。因此，通货紧缩会成为产业社会中很严重的问题。

产业社会中的冠军是制造业。为大型设备投入巨额资金，大量劳动者不停工作，制造并销售大量的商品。制造业的重点是材料、原料和设备。

产业化最大的特征是工业的高速发展，简单来说就是物品复制技术的发展。无论是纺织品、福特 T 型车还是液晶电视，都是围绕"如何低价量产具有相同品质性能的产品"这一点的竞争和发展。对物品复制技术的发展追求到极致，终点就是数字生产革命。

数字信息会将所有信息用"0"和"1"来表示，能够在不被劣化的前提下轻松完成转移、复制、存储和重复读取的操作。

过去的唱片都属于模拟数据，这种数据经过长期保存后，每播放一次，音质就会劣化一次。后来唱片演变成 CD，再演变为网络传送，随着数字化的不断发展，能在音质不被劣化的状态下轻松完成数据的转移、复制、存储和重复播放。

信息分为能用文字和语言传达的"形式型知识"和无法用文字和语言表达的"默认型知识"。数字信息能够不被劣化，完成转移和复制，从定义上看属于"形式型知识"。因此，数字生产技术就是能轻松转移、存储并不断改善的终极复制技术。

数字技术属于"形式型知识"，因此能轻松转移到新兴国家的工厂里。如同 21 世纪初的中国，在那些拥有大量识字的廉价劳动力的地方，短时间内就能量产出低价格高品质的 IT 产品。同样的产品每年都会降价 40%，这种状态持续了 5 年。这场降价风暴使日本家电厂商一一被逼上绝路，这一情景仍然历历在目。

由于价格降低，成本革新的节奏会快于能够创造新价值的新商品出现的节奏，从而发生通货紧缩。如此一来，单纯制造物品的行业难以创造价值，制造业的相对地位就会下降。

日本通过终身雇佣制和年功序列制，使默认型知识得以长期传承。但数字生产革命更容易使形式型知识传承下去，因此非正式劳动力的数量增加，经济差距也越来越大。

数字生产技术以产业社会正统嫡子的身份跑在中央和前方，打散了产业社会自身孕育出的基础——制造业，向后产业化的时代过渡。这正是以日本为典型的现代发达国家的状况。

参照这个社会大趋势，就能理解 21 世纪初期在全球普及的数字生产革命的重要性。

信息化和网络

从 20 世纪中期起，以物质为中心的产业化时代转变为以信息为中心的信息化时代。这一时代转折的背景，是自 20 世纪前半叶起，广播、电视、电话得以普及，为政治舆论的形成及消费者的购买行为带来很大的影响。梅棹忠夫的《信息产业论》（1963 年），丹尼尔·贝尔的《后工业社会的来临》（1973 年），堺屋太一的《知识价值革命》（1985 年）等是比较有名的论著。

信息技术在近百年内不断进步，通过广播、电视等完成一对多的内容传播，通过电话使一对一的双向通信普及，之后又通过网络使不记名的个人能够与多个对象进行双向沟通。

现在，互联网中的新服务、新商业不断出现，让人眼花缭乱。但当理解了有关信息化本质的论证和信息技术进步的历史后再去观察，就更容易理解这些新内容的意义和前景。

"信息的边际成本实际上为零。"（今井贤一）正如这句话所说，信息在本质上是极容易复制的。尤其是互联网所处理的数字信息，复制和转移都不会耗费成本。因此，信息和网络服务能很容易地在短期内大量普及，媒体行业能用极快的速度与大规模的商业建立联系。谷歌及 Facebook 等互联网企业仅用数年就成为巨头公司，也是借助于信息的这种本质。

而对信息接收人来说，如果两次接收到同样的新闻或电视剧，其价值就会减半。信息在物理性质上完全不会劣化，但对用户来说，信息的价值会因"心生腻烦"而陈旧化。

把这一点和刚才提到的信息廉价且能在短期内大量扩散的特征结合在一起，就能发现与信息相关的服务和行业即使能成为一时的热潮，也会因内容过量和用户的"腻烦"心理而在短时间内失去价值。最终信息内容会向免费的方向发展，使业务难以运行。

在这种背景下，尤其在网络世界，因发出信息的成本十分低廉且很少受到阻碍，其商业收益就更依赖广告。信息低价且能够简单复制的性质非常适合想尽可能多地把信息扩散给更多人的广告。但真实存在的物品或服务又会吸收部分商业利益。因此，如果广告的主体不成长，网络商业也就无法成长。

也就是说，媒体类行业具有可复制性、陈旧化、顾客单价封顶的本质特征。除去一小部分胜利者，几乎其他所有互联网企业都会在上市后苦恼于如何扩大规模，直面发展受到限制导致股价低迷的问题。

从历史角度看待互联网和以前的节目播放及电话的区别，就能理解现在的互联网企业处于什么位置。通过电视节目可以完成特定的一对多的信息传播，通过电话可以完成一对一的双向通信，与它们相比，互联网可以让一个普通人进行多个双向沟通，这就是最大的区别。也就是说，信息发出方花费的成本和时间都戏剧性地减少了。

用户在检索网站搜索词语也是在发出信息。检索网站会加以巧妙利用，使广告效果最优化，向客户方收取检索关联广告的费用。巧妙利用一般消费者向网络运营商或其他用户发出的信息，为客户提供服务，才是符合互联网特征的服务业。

此类沟通手段日益发达，使没有组织的多股力量能够集结于一处。在影响消费者的力量格局转变的过程中，越来越要求企业具备与消费者和整个社会双向沟通的能力。

从这种视角观察互联网行业，就能更轻松地看出一个趋势能持续多久，会有怎样的发展。

服务化和日本的经济发展

今后在发达国家，服务化的发展将越来越快。1990 年，日本的第三产业生产额超越了第二产业生产额，之后服务业在整个经济中所占的比重不断增高。

诺贝尔经济学奖获得者斯蒂格利茨曾多次提到，日本经济成长的关键在于服务业的生产效率的提高。整体来看，日本从事服务业相关的劳动者已成为多数。就像当时微软公司董事长比尔·盖茨向所有员工发出的主题为"服务化浪潮"的邮件一样，互联网行业也正在努力推进服务化。这不是昙花一现的热潮，而是长期稳定的趋势，我们需要在冷静理解服务业本质的基础上，留意这方面的新闻和动向。

经营学和市场学的教科书里，认为服务业的本质特征为具有同时性、个别性、无形性，我们依次来细看。

·服务的同时性

观察按摩、美发沙龙这类典型的服务行业，我们就能发现服务中的生产和消费是同时进行的。它不像物品可以在中国的工厂大量生产储备，再一次次大量出售，因此很容易达到服务提供数量的上限。

·服务的个别性

越是针对个别顾客进行的服务，其附加值就越高。仅为单独一人提供的服务价格会更高，而且能赢得回头客。比如在酒吧，某位客人说"按老样子来一杯"，酒保不用与其沟通就能端出他喜欢的酒。这种具有个别性的服务是增加常客的好方法。

·服务的无形性

纯粹的服务不是实物，而是无形的。美发沙龙的服务以头发这一实物作为对象，但顾客花钱买的不是被剪掉的头发，而是美发师的手艺。

正因为是互相关联、无形且针对某一个体的服务，才能使生产和消费同时进行。

因为生产和消费是同时进行的，所以服务无法像实物一样提前生产储备，也无法一次性大量出售。服务属于人海战术，所以无法在短时间内扩大规模。而且，个别性是其附加价值的源头，所以无法大量出售相同的内容。因此，服务业是一种很难在短期内完成大量供给，也很难扩大规模的商业类型。

实际上，日本服务行业中没有很多大型且获利巨大的企业，并且只有持续数十年之后才能最终达到这个程度。其成长速度之慢，根本无法与互联网企业相提并论。可以说，日本的服务业正在为规模与成长速度的问题所困扰。

7.4 成熟化

成熟社会

自 21 世纪初期起，发达国家的社会、经济整体都开始向"成熟化"方向发展。

现代的发达国家均具有富裕但发展缓慢且通缩紧缩的倾向，居民寿命长并日益老龄化，人口增长处于停滞状态。在和平安定的环境下，人们对饥饿、战争、事故的恐惧减少，但会为日常生活中产生的强大压力而困扰。将这些要素总结起来，就是"成熟社会"的状态。

成熟社会的前一个阶段，即"近代社会"是通过快速发展而从贫穷变得富裕的。250 年前，欧洲开始产业革命后便日益推进产业化，创建了"近代社会"。

在"近代社会"，大家有简单明了的共同目的，就是满足食欲，减少疾病、黑暗、灾害、寒暑带来的痛苦。人们为了达成这个目标，在弱肉强食的竞争原理下热情工作，坚强求生。结果就是人口急剧增加，出现通货膨胀。高度发展时期的日本和现在的中国等新兴国家就属于"近代社会"。

通过发展变得富裕，到达曾经的目标顶峰时，会看到顶点另一边又是不同的风景，也就是"成熟社会"。"近代社会"和"成熟社会"都处于产业化的延长线上。

发达国家在近代社会后期，即20世纪后半叶就对下个阶段的社会做出了预测，并把它描述为"后现代社会""后工业社会"（丹尼尔·贝尔、阿尔文·托夫勒）、"产业社会的病理"（村上泰亮）。

这些理论大多与"成熟社会"直接契合。正如"后"这种消极的表现方式所示，那些曾经没有鲜明概念的东西在进入21世纪后变得清晰，所以才开始用"成熟社会"这种积极的词汇来描述。

前文以"新中世纪"的方式说明了现代发达国家的特征，基本适用于国际政治以外的经济、商业等的社会整体状况。但为了避免回答什么是"中世纪"这种复杂的问题，在这里把和"新中世纪"基本相同的现代社会特征更直接地命名为"成熟化"并加以说明。

目标探索社会

"近代社会"的目的是获得，大家竞争的是达成这个目的所用的手段和对这个目的的完成度。而在成熟社会，我们必须去探索目的。

近代性理论原本就是制定目标，并将达成目的需要的手段细分后进行分析的过程。但在成熟社会，整个过程的出发点，也就是最初的目标制定本就非常困难，反而是顺利制定最初的目标才有更大的价值。

在追赶并超越发达国家的近代社会，无论是国家、政府官员还是企业和劳动者，都很容易达成一致的目标。这个目标就是发展经济，制造并出口在全世界销售的产品，然后住上好的房子，购买摩托车、汽车、电视、手机，改善生活质量。在开发产品时也能设定单纯明了的目标，比如不会出故障的汽车、彩色电视、不会漏雨且隔热好的房子。

大家会一边竞争一边合作，向同一个目标冲击。换句话说，就是要比赛谁能在既定的轨道上跑得更快。

与此相比，成熟社会中的各个主体都拥有力量，且各自追求多元化的价值。经济成长最多只有几个百分点，很难切身感受到发展带来的幸福感。

企业也不能像以往一样，即使决算时销售额和利润有所提高，股价也不会立刻上升，企业价值也不会马上提高。不仅如此，还会因企业对环保问题的态度、对投资人的信息公开（IR）及黑心企业等这类与道德相关的社会评价，影响损失收益计算报表的结果，甚至大幅影响企业的股价。一旦做不好，就无法聚集资金和人才，连企业经营都无法维持。

如前文所述，在经营企业时无法制定单纯明了的目标，需要在运营时灵活应对多元化的价值观。而且消费者和企业的价值观也各不相同，谁也不知道究竟提供哪种商品和服务才是正确的。也就是说，比起考虑如何达成目标，制定目标本身才是问题和关键。正是基于这样的时代背景，所以才会在本书开头说到预测将来问题的重要性。

成熟社会的特征

理解了上述理论之后，我们来大致描绘一下成熟社会的状态。

[经济和商业]

·整体经济中，服务业所占比重和地下资源、食品等第一产业的重要度增加，制造业和工业的功能相对下降。成熟社会的赢家苹果公司及谷歌没有自己的工厂（**后工业化**）。

·因网络的普及，信息化得以推进（**信息化**）。

·灵活应用网络，消费者拥有与提供者交涉的能力（**力量转换**）。

·近代的 3 个经济主体有国家、企业和个人。但成熟社会不仅如此，还有基金、全球性企业、国家之间的联盟（比如 EU）、NPO、国有企业及主权财富基金等多元化的经济主体，且主体之间还有复杂的相互作用关系（**多元化的**

经济主体）。

·满足了食欲等单纯明了的目标之后，需要一边探索下一个目标一边前进，因此经济增长率会降低（**目标探索社会**）。

·企业进入各个领域的门槛降低，企业间竞争极为激烈，无法在同一个位置长期获利，必须不停寻找可获利的新商机（**超级竞争**）。

[社会与政治]

·经济富裕后，人口出生率下降，人口增长率开始停滞（**少子化·人口停滞**）。

·随着医疗技术的进步，人类生理寿命和健康寿命的间隔变长，用于看护和医疗的社会成本日益增长（**医疗、看护的负担**）。

·实现民主主义和言论自由后，民粹主义政治发展，实行撒钱政策，使国家财政陷入慢性赤字状态（**财政赤字**）。

·中老年人会因此对国家福利政策的可持续性持怀疑态度，为变长的退休生活做准备，持有退休金等金融资产。这些资产会逐渐增多并流向基金，为全世界的金融市场带来巨大变化（**金融市场的巨大化**）。

[应对全球化和贫富差距]

·在"近代社会"地区，需要用强烈鲜明的"近代圈"

的方法与竞争对象谋求共存（**应对全球化**）。

　　·没有能力在全球化竞争中存活下来的人只能沦为不稳定的非正式雇佣的低收入人群，成熟社会内部的贫富差距也会拉开（**贫富差距**）。

　　这就是"成熟社会"的形象，也是不可逆转的趋势。话虽如此，变化速度可能会快也可能会慢，建议大家在接触各种各样的信息时，把握潮流的速度感，再着手处理信息。

7.5　成熟社会下的工作推进方法

成熟社会的逻辑

在成熟社会，我们应该如何处理信息、推进工作？在 21 世纪，日本正好迎来了全球化、产业化、信息化、服务化这 4 种长期性趋势重合的转折点，数字生产革命和互联网不断发展并日趋成熟。在这样的背景下，我们该如何定位新的信息，又该如何推进工作？

近代的理论基础是"理性是万能的"、"任何事都有因有果"、"将大问题细分为小问题后再解决"等笛卡尔的理论。

先制定目标，再制定实行这个目标需要的手段，作为短期目标。这种认真思考目标和手段的连锁关系再付诸实践的方法，就是最近流行的"逻辑思考"，也是近代逻辑的典型。

但这些近代逻辑却不适用于成熟社会的实际工作。

在市场方面，按以往的规矩，都是根据经济基础情况来决定市场价格。但著名投资家、哲学家乔治·索罗斯却否定了这一观点。因为现在不是观察者认识现实世界的单向关系，而是一旦观察者对现实世界有所认识，现实世界就会受到影响的双向关系。换言之，在具有这种"回归性"的体系中，笛卡尔式的单向理论是行不通的。

21世纪最伟大的军事战略家之一爱德华·N. 勒特韦克主张的"反向逻辑"也否定了以往近代式的直线性、单向性的逻辑。如果己方有了某种意识，敌方也会有所反应。这让人想起丘吉尔的那句名言——并非只要不停空投炸弹就能赢得战争的胜利。

现代工作的竞争十分严峻，一些微小的差异就会决定竞争的胜负。绝大多数情况下，靠以往单纯的近代性逻辑是做不出成绩的。实际上，从回归性逻辑、反向逻辑和复杂性逻辑等现代逻辑中寻得启示，才能有更好的效果。

在产业化、信息化、服务化发展过程中的工作方式

和多数人的工作有紧密关系的商业领域会因成熟化发生怎样的变化？究竟该做怎样的工作，如何去做，才能在成熟社会取得成功？

本书之前的内容都是以堪称教养的古典名著为基础来说明的，而此后的论述中包含了很多我自己思考的假说。

产业化、信息化、服务化这一持续数十年至数百年的社会大趋势，在进入21世纪后互相重合，使社会发生了巨大的变化。

产业化从20世纪末起发展到21世纪，最后出现了数字生

产革命。在信息化不断发展的过程中,互联网得以普及。服务化进一步发展,服务在数字产品和互联网中都开始具有重要的意义。

在产业化、信息化、服务化日益发展的过程中,如前文提到的一样,看似位于不同时代中心的实体行业、媒体行业、服务行业都有各自不同的问题。实体行业的问题是利润率降低,媒体行业的问题是规模扩大的上限,服务行业的问题是规模扩大的速度缓慢。

为了应对这些问题,出现了一种新的商业。

简单来说,只有将实体、服务、媒体巧妙融合,才能解决这些问题。即实体行业的服务化,服务行业的媒体化,媒体行业的实体化。当今有很多企业在融合方向上已取得初步成功。

实体服务化

自产业化之后,社会发展的基础——实体行业受数字技术的影响展开了激烈的价格竞争,因利润率降低而苦恼。制作、销售的商品每年会降价 40%,在这种背景下,想要获得利润简直是难上加难。

此时如果不附加一些具有服务性的价值,实体行业就很难持续获利。

iPod 是利用现有技术制造出的硬件产品,但配备 iTunes 这一歌曲发布服务平台后就产生了附加值,做成了一项大生意。

小松建设机械公司也是如此，它为产品添加 GPS（全球定位系统）功能，提高了产品的服务性附加值，才得以使竞争力在全球市场显著提升。

为提高收益率，实体行业正在推进服务化。

服务媒体化

成熟社会中服务业所占比重越来越高。因为生产和消费同时进行，所以无法像实体行业一样事先完成制作并储存，也无法单次出售大量商品。况且其个别性是附加价值的源泉，因此也无法量贩。服务业用的是人海战术，所以很难在短时间内提供大量服务，也很难扩大规模。因此，要想保持发展的速度，维持并扩大规模，灵活运用媒体和网络是非常有效的方法。

举个例子，餐厅的免费传单就是把酒馆一条街的"揽客"服务媒体化后的产物。"揽客"就是向街上的行人搭话，喊一声："老板！"招揽到一位客人就能从店铺拿到几千日元的报酬。免费传单就是将这项服务媒体化，发展为价值数百亿日元规模的经济效益。

互联网生命保险就是将保险业务员这种原本一对一上门拜访销售的保险服务媒体化后的产物。通过互联网这一媒体，可以将生命保险这种真实存在的金融服务介绍给更多的人，并以低价出售。

也就是说，服务媒体化的目的是加快规模扩大的速度。

媒体实体化

主导信息化社会的媒体行业虽然急剧发展，但很快就有各方提供的大量的类似内容，用户很容易腻烦，所以很难大规模持续发展。而且和实际服务及实体行业相比，媒体是虚拟的，所以很难让用户长时间地切身感受到它的好处且不厌倦。

因此，很多互联网企业在创业、盈利、完成上市后，都很难有进一步的发展，以致股价低迷。为了回应大家的热烈期待，他们会做一些勉强的收购案或创造业绩以致自取灭亡，这种情况时常可见。

现在的互联网企业为突破规模的上限，开始向有实际载体的实体商业靠拢。

互联网行业获取收益的方法也有了转变。以往是用标题广告让用户有所认知（触及），以此提高销售额，而现在开始靠拢实体商品销售的世界来谋求收益。从标题广告到营销类广告（结果报酬类广告），再从营销类广告到推送类广告（搜索关联型广告），最后从推送类广告发展为具体的促进购买的行为。我们可以把互联网行业收益的来源不停演变的过程称为媒体行业的实体化。

原本互联网就是免费领域的产物，互联网行业如果仅仅在这个范围内赚钱，只会越来越难。由此出现的营销类广告和推送类广告不仅能触及用户，还能为其提供广告与用户实际购买行为的关系对比信息，创造出相应的价值。

也就是说，为提高销售额和利润上限，媒体商业正在不断实体化。

我们再来复习一遍：

- 实体服务化→利润率提升
- 服务媒体化→提高规模扩大的速度
- 媒体实体化→提高销售额和利润上限

这就是实体行业的服务化，服务行业的媒体化，媒体行业的实体化。只有活用每个商业类型的优点并巧妙融合，才能创造出新的商业类型。

也就是说，在力量主导权逐渐向消费者转移的过程中，我们不应该排斥从前的实体行业，而应该与其他行业巧妙地融合。只有那些擅长灵活运用信息化的媒体、服务化的服务行业，才能在今后的商业世界取得成功。

在实体与服务的融合，服务与媒体的融合，媒体与实体的融合方面，没有明确的分界线，需要不断磨合，寻求平衡。日本就是以与在一线工作的优秀劳动者进行磨合的技术为武器，才能在世界汽车市场存活下来。因此，在实体、服务、媒体的融合中，日本社会擅长的高超的"磨合"技能更容易发挥作用。

成熟社会中的个人

如前文所述，成熟社会在全球化、信息化、服务化、低成长、老龄化、目标探索社会、复杂性逻辑的渗透等趋势中不断发展。

我们再来看看处于成熟社会的个人的情况。

在"近代"日本的高速发展期，我们以所得为目的，通过成长和进步确认了自身存在的意义（"出人头地"）。

但在现代成熟社会，在大众中完成自我确认已变得非常困难，我们需要时刻探索并确认自己的目的和归宿。

这里先说一些其他内容。描绘个人站在近代社会的入口而心怀不安的是夏目漱石，描绘个人站在成熟社会的入口而心怀不安的是村上春树。

现代人不得不活在这种不安之中，因此比起物质的富裕，更想追求精神的安宁。现代的年轻人更喜欢能和朋友一起乘坐的轿车而不是跑车。在不断脱离物质追求的时代，人们选择能塑造优美体形的生活习惯，而不是去穿能修饰身形的衣服；把时间和金钱花在肌肤的基础保养上，而不是化妆。

随着沟通手段日益发达，能够将那些不从属于任何组织的多数的力量汇集于一处。力量主体由此逐渐向消费者转移，企业更需要具备与这些拥有新兴价值观的消费者和整个社会双向沟通的能力。

处于"近代社会"的 21 世纪末期的景象应该类似于"铁臂阿童木"中描绘的未来都市,以更快更强的技术为基础。现在有时也有人会鼓励年轻人谈论这种闪闪发光又激动人心的梦想。但这与"未来导向"的思想完全相反,只是用来怀念曾经的"近代社会"的怀旧主义而已。

与此相对,在实际的现代成熟社会中,可以说循环比发展更有价值,收益比规模更有价值,持续比进步更有价值,质比量更有价值,多元性比单一性更有价值,灵活比刚正更有价值,身心安详比新鲜刺激更有价值。

图书在版编目（CIP）数据

多而不乱：信息爆炸时代精准判断的新技能／（日）
小林敬幸著；寇玉冰译. — 广州：广东旅游出版社，
2020.6

ISBN 978-7-5570-2196-2

Ⅰ.①多… Ⅱ.①小… ②寇… Ⅲ.①信息管理—通
俗读物 Ⅳ.① G203-49

中国版本图书馆 CIP 数据核字 (2020) 第 036441 号

BUSINESS NO SAKI GA YAMENAI JIDAI NI JIBUN NO ATAMA DE HANDANSURU
GIJUTSU
© Takayuki Kobayashi 2015
Edited by KADOKAWA SHOTEN
First published in Japan in 2015 by KADOKAWA CORPORATION,Tokyo.
Simplified Chinese translation rights arranged with KADOKAWA CORPORATION,Tokyo
through Bardon-Chinese Media Agency, Taipei.

版权登记号：19-2020-042

出 版 人：刘志松	选题策划：后浪出版公司
作　 者：[日]小林敬幸	译　 者：寇玉冰
责任编辑：方银萍	特约编辑：方泽平
责任校对：李瑞苑	责任技编：冼志良
出版统筹：吴兴元	营销推广：ONEBOOK
装帧制造：墨白空间	

多而不乱：信息爆炸时代精准判断的新技能
DUOERBULUAN : XINXI BAOZHA SHIDAI JINGZHUN PANDUAN DE XIN JINENG

广东旅游出版社出版发行
（广州市越秀区环市东路338号银政大厦西楼12楼 ）
邮编：510060

印刷：北京天宇万达印刷有限公司	开本：889毫米×1194毫米　 32开
字数：121千字	印张：6.5
版次：2020年6月第1版第1次印刷	定价：38.00元